JN076172

決定版

英語スピーキング100本ノック

光藤京子

はじめに

英語のスピーキング力をアップしたいみなさん、『決定版 英語スピーキング 100 本ノック』へようこそ！　本書には以下のような３つの特徴があります。

1）日本語から英語への変換トレーニングができる

お気づきのように、本書の各ノックは日本語と英語で構成されています。みなさんの中には「英語だけ覚えればいいんじゃないの？」「なぜわざわざ日本語から英語に訳すようなことをするの？」と疑問に思う方がいらっしゃるでしょう。

確かに日本語を介さずに口から英語が出れば、それに越したことはありません。しかし母語がしっかり確立していない幼児期ならともかく、ある年齢以上の日本人には日本語の思考・発想をまったく排除して英語を覚え、話すことは難しいと筆者は考えています。また無理に日本語を排除するのは学習効果としても効率的ではありません。日本語と英語を比較することで両言語の構造の違い、発想の違いを学べますし、日本語を英語にさっと変換する訓練をすれば、スピーキング力の上達にも役立ちます。

2）「瞬時につぶやく」ことで瞬発力が鍛えられる

本書では Step 4 の 1 分間スピーキングを除き、日常の行動をつぶやく、日記を書くつもりでつぶやく、SNS で発信するつもりでつぶやく、とすべて瞬時に話す訓練をするように作られています。また一言でさっと話せるよう、すべてのフレーズは短く、1 ノックは 1 行から 3 行の英文で構成されています。単語や表現も特に難しいものはなく、むしろ日常生活に必要なものだけを集めています。

Step 1 では日々の行動に沿った内容のフレーズを学習できるので、慣れてきたら自分の行動をその都度、英語でつぶやいてみてください。そうすることで言葉と体験が結びつき、記憶として定着するようになっていきます。

3）段階的に、話すための文法力も身につけられる

たまにスピーキング力を身につけるのに文法は必要ないという極端な意見を聞きますが、それは間違いです。文法の中でも特に語順と時制は重要で、それらなくして文を構築することはできません。細かいことを言えば、単数・複数を間違えただけで、まったく違う意味として伝わることもあります。

本書では、Step 1では現在形、Step 2では過去形と完了形、Step 3では現在進行形、未来形、仮定法と、徐々に進む形をとっています。実際の会話ではこれらすべてが一度に出てくることもありますが、本書ではフレーズを文法の縛りにそって提示することにより、みなさんが覚えやすくなり、トレーニングを進めながら、それまでに勉強したことを復習できるようになっています。

このように、本書は意味のあるスピーキング学習を真剣に考え、実現した本です。まずは音声をそのまま聞き流してください。台所でも車の中でも構いません。慣れてきたら日本語を聞きながら（または本を見ながら）、英語にしてみましょう。みなさんがつぶやいた英語が、本の英文通りでなくても気にしないでください。1つの日本語に対応する英語は無数にあります。決して1つだけではありません。また機会があれば、本書で学んだ表現を実際の場で使ってみてください。「楽しく学び、間違いは気にせず、勇気をもって話す！」。それがスピーキング上達の秘訣です。

2024年5月
光藤京子

Contents

Step 1 1文スピーキング［行動表現］

Step 2 2文スピーキング［日記表現］

Step 3 3文スピーキング［SNS表現］

Step 4 1分間スピーキング［自己表現］

Review

本書の構成と使い方

本書は4つのStepに分かれており、いずれも左ページに日本語、右ページにそれに対応した英文という構成になっています。英語は日本語の直訳ではありません。左ページの日本語を読み、時には主語を補ったり、視点を変えたりと、頭をひねって楽しみながら英訳トレーニングに取り組んでください。

Step 1

表現の解釈や類似の表現を載せています。

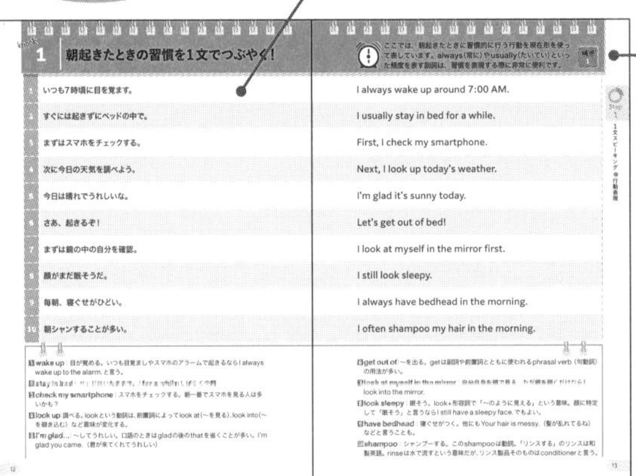

1 朝起きたときの習慣を1文でつぶやく！

ここでは、朝起きたときに習慣的に行う行動を現在形を使って表しています。always（常に）やusually（たいてい）といった頻度を表す副詞は、習慣を表現する際に非常に便利です。

1	いつも7時頃に目を覚ます。	I always wake up around 7:00 AM.
2	すぐには起きずにベッドの中で。	I usually stay in bed for a while.
3	まずはスマホをチェックする。	First, I check my smartphone.
4	次に今日の天気を調べよう。	Next, I look up today's weather.
5	今日は晴れでうれしいな。	I'm glad it's sunny today.
6	さあ、起きるぞ！	Let's get out of bed!
7	まずは鏡の中の自分を確認。	I look at myself in the mirror first.
8	顔がまだ眠そうだ。	I still look sleepy.
9	毎朝、寝ぐせがひどい。	I always have bedhead in the morning.
10	朝シャンすることが多い。	I often shampoo my hair in the morning.

1 **wake up**：目が覚める。いつも目覚ましやスマホのアラームで起きるならI always wake up to the alarm. と言う。
2 **stay in bed**：[illegible]
3 **check my smartphone**：スマホをチェックする。朝一番でスマホを見る人は多いかも？
4 **look up**：調べる。lookという動詞は、前置詞によってlook at（〜を見る）、look into（〜を覗き込む）など意味が変化する。
5 **I'm glad...**：〜してうれしい。口語のときはgladの後のthatを省くことが多い。I'm glad you came.（君が来てくれてうれしい）
6 **get out of**：〜を出る。getは副詞や前置詞とともに使われるphrasal verb（句動詞）の用法が多い。
7 **look at myself in the mirror**：[illegible] look into the mirror.
8 **look sleepy**：眠そう。look+形容詞で「〜のように見える」という意味。顔に特定して「眠そう」と言うならI still have a sleepy face. でもよい。
9 **have bedhead**：寝ぐせがつく。他にもYour hair is messy.（髪が乱れてるね）などと言うことも。
10 **shampoo**：シャンプーする。このshampooは動詞。「リンスする」のリンスは和製英語。rinseは水で流すという意味だが、リンス製品そのものはconditionerと言う。

12 13

音声は日本語の後、英語が流れます（復習用の英語のみ音声もご用意しております）。

Step 1では、日々の行動や心の動きを1文で表します。現在形を使って自分の日常を英語化しましょう。

Step 2

31 今日のうれしかった出来事を2文で！

過去の出来事をシンプルに報告した後、一言感想や補足事項を添えましょう。How was your day?（今日はどうだった？）という定番の質問への回答にも最適です。

1	春の訪れを感じた。 ちょっとワクワクした。	I felt signs of spring. I was a little excited!
2	ついに昇給した。 何ていい日だ！	I finally got a raise. What a nice day!
3	我がチームがファイナルへ進出した。 やったぁ！	Our team made it to the finals. Yay!
4	誕生日に友達が電話をくれた。 何て優しいんだ！	My friend called me on my birthday. How sweet!
5	甥が婚約した。 おめでとう！	My nephew got engaged. Congratulations!

1 **feel**：感じる。feltはfeelの過去形。/ **signs of spring**：春の兆し。風、太陽の光、小鳥のさえずり、花など。Cherry blossoms are a sign of spring.（桜が咲いたら春の訪れだ）/ **a little excited**：ちょっとワクワクする。
2 **finally**：ついに。/ **get a raise**：昇給する。gotはgetの過去形。I got a pay cut.（給料が下がった）。/ **What a ...!**：何て〜なんだ！ このWhatはHowとともに感情を表す感嘆詞。What a bad day!（何てひどい日なんだ……）
3 **team**：チーム。/ **make it to...**：〜に進出する。make it to...には〜へ頑張ってたどり着くというニュアンスがある。We made it to the airport on time.（我々は時間通りに空港に着いた）/ **final**：決勝。/ **Yay!**：やった！わぁい！
4 **call me**：私に電話をする。on my birthday：誕生日に。曜日、日にちには前置詞のonを使う。月の前置詞はinなので注意。I was born in October.（私は10月生まれだ）/ **How...!**：何て〜なんだ！
5 **my nephew**：私の甥。/ **get engaged**：婚約する。getは形容詞と結びつき、特定の状態や状況への移行や変化を表す。I need to get ready for the meeting.（会議の準備をしないと）/ **Congratulations!**：おめでとう！

76 77

Step 2では、日記を書くつもりで過去を2文でふり返ります。まずは「今日あった出来事を英語でつぶやける」を目標にしましょう。

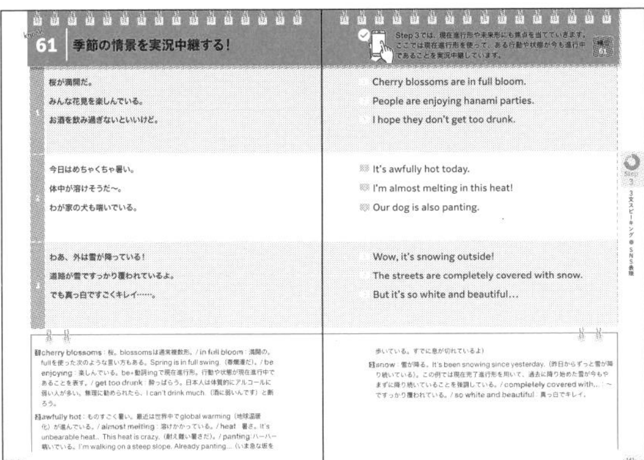

61 季節の情景を実況中継する!

Step 3では、現在進行形や未来形にも焦点を当てていきます。ここでは現在進行形を使って、ある行動や状態が今も進行中であることを実況中継しています。

桜が満開だ。	Cherry blossoms are in full bloom.
みんな花見を楽しんでいる。	People are enjoying hanami parties.
お酒を飲み過ぎないといいけど。	I hope they don't get too drunk.
今日はめちゃくちゃ暑い。	It's awfully hot today.
体中が溶けそうだ〜。	I'm almost melting in this heat!
わが家の犬も喘いでいる。	Our dog is also panting.
わあ、外は雪が降っている!	Wow, it's snowing outside!
道路が雪ですっかり覆われているよ。	The streets are completely covered with snow.
でも真っ白ですごくキレイ……。	But it's so white and beautiful...

Step 3

Step 3では、SNSで発信するつもりで今目の前で起きていることをライブ実況します。現在進行形や未来形を使って、英語の描写力を鍛えましょう。

Step 2

Step 4は今までの集大成。学習してきた現在形、過去形、現在進行形、仮定法をスピーキングに活かして、約1分間のトークに挑戦します。

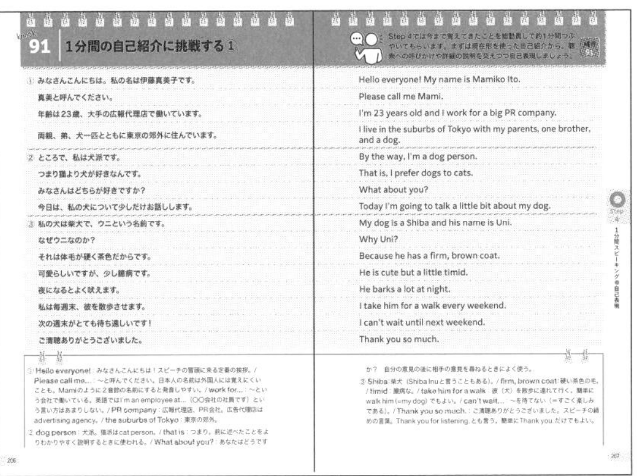

91 1分間の自己紹介に挑戦する 1

① みなさんこんにちは。私の名は伊藤真美子です。	Hello everyone! My name is Mamiko Ito.
真美と呼んでください。	Please call me Mami.
年齢は23歳、大手の広報代理店で働いています。	I'm 23 years old and I work for a big PR company.
両親、弟、犬一匹とともに東京の郊外に住んでいます。	I live in the suburbs of Tokyo with my parents, one brother, and a dog.
② ところで、私は犬派です。	By the way, I'm a dog person.
つまり猫より犬が好きなんです。	That is, I prefer dogs to cats.
みなさんはどちらが好きですか?	What about you?
今日は、私の犬について少しだけお話しします。	Today I'm going to talk a little bit about my dog.
③ 私の犬は柴犬で、ウニという名前です。	My dog is a Shiba and his name is Uni.
なぜウニなのか?	Why Uni?
それは体毛が硬く茶色だからです。	Because he has a firm, brown coat.
可愛らしいですが、少し臆病です。	He is cute but a little timid.
夜になるとよく吠えます。	He barks a lot at night.
私は毎週末、彼を散歩させます。	I take him for a walk every weekend.
次の週末がとても待ち遠しいです!	I can't wait until next weekend.
ご清聴ありがとうございました。	Thank you so much.

Review 1

現在形で表せる3つのこととは?

基本動詞や頻度の副詞を使って、自分の行動習慣を英語にしよう!

- I always wake up around 7:00 AM.
- I often pour soy sauce on the egg.
- Sometimes I want to eat sweet bread.
- I'm rarely late for work.
- I never cut my hair short.

always いつも	sometimes 時々
usually 通常、たいてい	rarely ほとんど〜ない、めったに〜ない
often しばしば、よく	never 決して〜ない

I を主語にして自己紹介したり、客観的な事実を描写してみよう!

- I'm a fast eater.
- I like my eggs sunny side up.
- I still look sleepy.
- We work in the same department.
- The meeting begins as scheduled.
- The train is not as crowded as usual.

疑問文や助動詞を使って、心の動きを表現してみよう!

Review

Step 1〜3の内容について文法のポイントなどを解説しています。

音声を聞くには？

音声をスマートフォンや PC で、簡単に
聞くことができます。

方法1 パソコンで音声ダウンロードする場合

パソコンで mp3 音声をダウンロードして、スマホなどに取り込むことも可能です。
（スマホなどへの取り込み方法はデバイスによって異なります）

❶ 下記のサイトにアクセス

https://www.cosmopier.com/download/4864542135

❷ 中央のボタンをクリックする

音声は PC の一括ダウンロード用圧縮ファイル（ZIP 形式）でご提供します。
解凍してお使いください。

方法2 スマートフォンで聞く場合

ご利用の場合は下記のQRコードまたはURLより、スマートフォンにabceedのアプリ(無料)をダウンロードし、本書を検索してください。音声は再生スピード変更、シャッフル再生、区間リピート再生が可能です。

https://www.abceed.com/

＊ abceed は株式会社 Globee のサービスです。（2024 年 6 月現在）

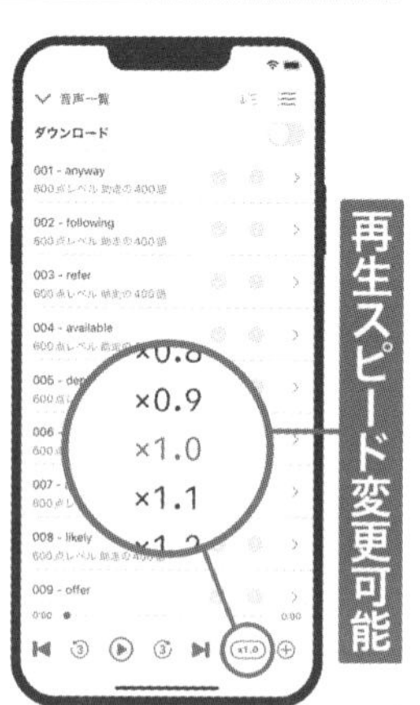

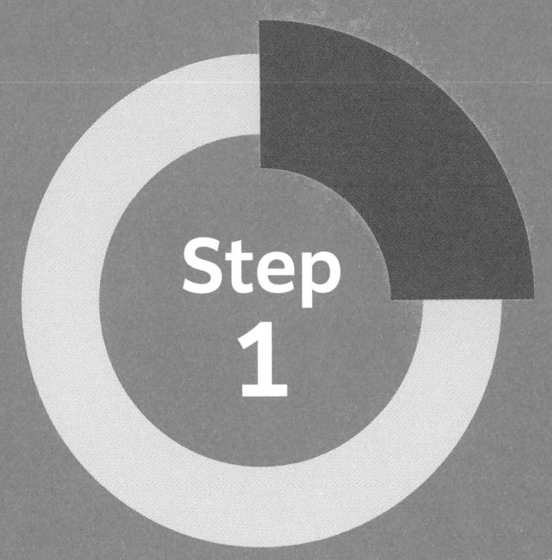

1文スピーキング
[行動表現]

Step 1では、現在形を使って日常の行動をひとりごと英語でつぶやきます。現在形をフル活用して、日々の行動習慣、客観的な事実、主観的な心の動きについてつぶやいていきましょう。このStepでの主な目標は下記です。

- □ 基本動詞や頻度を表す副詞を使って、日々の行動習慣を1文で話せる
- □ be動詞や知覚動詞を使って、客観的な事実を1文で話せる
- □ 助動詞や疑問文を使って、主観的な心の動きを1文で話せる
- □ 朝起きてから寝るまでや週末の行動について、1文で簡単に話せる

knock

1 朝起きたときの習慣を1文でつぶやく!

1 いつも7時頃に目を覚ます。

2 すぐには起きずにベッドの中で。

3 まずはスマホをチェックする。

4 次に今日の天気を調べよう。

5 今日は晴れでうれしいな。

6 さあ、起きるぞ!

7 まずは鏡の中の自分を確認。

8 顔がまだ眠そうだ。

9 毎朝、寝ぐせがひどい。

10 朝シャンすることが多い。

1 wake up:目が覚める。いつも目覚ましやスマホのアラームで起きるならI always wake up to the alarm.と言う。

2 stay in bed:ベッドにいたままで。/ **for a while**:しばらくの間

3 check my smartphone:自分のスマホをチェックする。朝一番でスマホを見る人は多いかも?

4 look up:調べる。lookという動詞は、前置詞によってlook at(~を見る)、look into(~を覗き込む)など意味が変化する。

5 I'm glad...:~してうれしい。口語のときはgladの後のthatを省くことが多い。I'm glad you came.(君が来てくれてうれしい)

ここでは、朝起きたときに習慣的に行う行動を現在形を使って表しています。always(常に)やusually(たいてい)といった頻度を表す副詞は、習慣を表現する際に非常に便利です。

I always wake up around 7:00 AM.

I usually stay in bed for a while.

First, I check my smartphone.

Next, I look up today's weather.

I'm glad it's sunny today.

Let's get out of bed!

I look at myself in the mirror first.

I still look sleepy.

I always have bedhead in the morning.

I often shampoo my hair in the morning.

6 **get out of**：～を出る。getは副詞や前置詞とともに使われるphrasal verb（句動詞）の用法が多い。

7 **look at myself in the mirror**：自分自身を鏡で見る。ただ鏡を覗くだけならI look into the mirror.

8 **look sleepy**：眠そう。look+形容詞で「～のように見える」という意味。顔に特定して「眠そう」と言うならI still have a sleepy face.でもよい。

9 **have bedhead**：寝ぐせがつく。他にもYour hair is messy.（髪が乱れてるね）などと言うことも。

10 **shampoo**：シャンプーする。このshampooは動詞。「リンスする」のリンスは和製英語。rinseは水で流すという意味だが、リンス製品そのものはconditionerと言う。

knock
2 朝食時の習慣を1文でつぶやく！

1 朝ご飯を作ろう。

2 毎朝のコーヒーは欠かせない。

3 卵とサラダは必ず食べる。

4 卵料理では目玉焼きが好き。

5 卵にはよく醤油をかける。

6 セロリ以外、ほとんどの野菜はOK。

7 たいていトーストは2枚食べる。

8 時々甘いパンが食べたくなる。

9 朝にご飯はほとんど食べない。

10 仕事の日に朝食を抜くことはない。

1 cook：料理を作る。make breakfastと言うことも多い。

2 make coffee：コーヒーを作る。面白い言い方としてI'm a coffee person.（私はコーヒー派だ）なども。

3 an egg and a salad：卵（料理）とサラダ。saladは可算・不可算どちらもあるが、卵は1つずつ数えられる。

4 sunny side up：（片面半熟焼きの）目玉焼き。両面焼きの目玉焼きはfried egg。卵料理には他にboiled egg（ゆで卵）、poached egg（ポーチドエッグ）などがある。

5 pour soy sauce on...：～に醤油をかける。卵に醤油をかけるのは日本人特有か。ただしご飯に醤油やソースをかけて食べる外国人は結構多い。

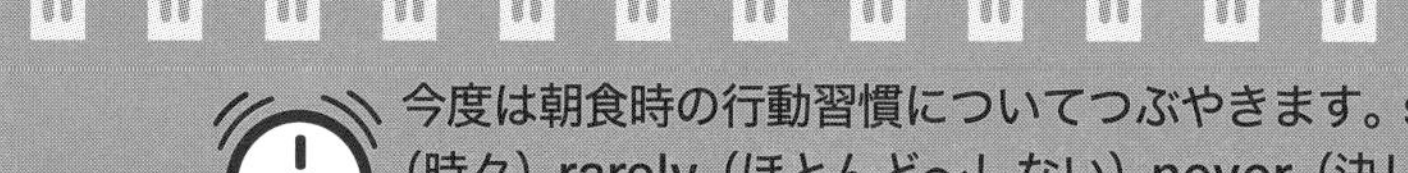

今度は朝食時の行動習慣についてつぶやきます。sometimes（時々）、rarely（ほとんど～しない）、never（決して～しない）など、頻度が少ない場合に使う副詞も押さえておきましょう。

2

Let's cook breakfast.

I make coffee every morning.

I always have an egg and a salad.

I like my eggs sunny side up.

I often pour soy sauce on the egg.

I eat most vegetables except celery.

I usually have two slices of toast.

Sometimes I want to eat sweet bread.

I rarely eat rice in the morning.

I never skip breakfast on a workday.

6 **except...**：～以外は。I like most fruits except kiwi.（キウイ以外の果物は好きだ）。

7 **two slices of toast**：２枚のトースト。toast（トースト）はslices、pieces (of toast）と数えることが多い。

8 **sweet bread**：（菓子パンのような）甘めのパン。ヨーロッパ風のペイストリーはそのままpastries。

9 **rarely**：めったに～しない。I rarely wear a kimono.（私はめったに着物を着ない）のように使う。

10 **never skip**：絶対に欠かさない。 仕事日に：on a workday。逆にI skip breakfast on weekends.(週末は朝ご飯を食べない）という人も。

knock 3

朝支度の習慣を1文でつぶやく！

1 まずは化粧をする。

2 いつもより顔色が悪い。

3 眉毛が上手く描けない。

4 会社へ着ていく服を選ぶ。

5 この2つの色は合うかな？

6 スーツにスニーカーはどうだろう？

7 白のスニーカーなら大丈夫そう。

8 私はよく忘れ物をする。

9 鍵は持ったっけ？

10 いつも9時には家を出る。

1 do my face：化粧をする。 put on makeupとも言う。髪を整える＝do my hair。

2 look paler：いつもより顔色が悪い。元気そうな場合はYou look good.と褒めよう。

3 draw my eyebrows：眉毛を描く。アイラインを引く＝put eyeliner on。

4 outfit for work：仕事用に着る服。outfitは服全般を指し I like your outfit.（君の服いいね）などと言う。

5 two colors match：2つの色がよく合っている。 面白い言い方としてmatchy-matchy(ペアルック)があるが、これは色や格好がそろい過ぎているという意味もある。

現在形という時制は日々の行動・習慣の他に、I can't...（私は～できない）のように客観的な事実や、Do I...（私は～だろうか？）のように主観的な心の動きも表すことができます。

I do my face first.

I look paler than usual.

I can't draw my eyebrows well.

I choose an outfit for work.

Do these two colors match?

How about sneakers with a suit?

I guess white sneakers are OK.

I often forget something at home.

Do I have my keys?

I always leave home at 9:00 AM.

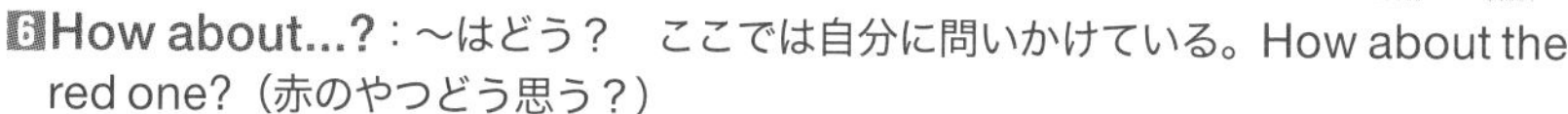

6 How about...?：～はどう？　ここでは自分に問いかけている。How about the red one?（赤のやつどう思う？）

7 I guess...：～と思う。guessはthinkよりも話者の確信の度合いが弱いと言われる。ここでは「～でまあいいかな」くらいの意味。

8 forget something：何かを忘れる、置いてくる。 忘れっぽい人はforgetful person。

9 my keys：自分の鍵。日本語では「鍵」と言い単数も複数も同じだが、英語では複数の場合は必ずkeysとなることに注意。

10 leave home：家を出る。1つの場所を去る＝leaveと覚えておこう。

knock

4 通勤時の習慣を1文でつぶやく！

1 普段、時間には几帳面だ。

2 めったに会社には遅れない。

3 今朝は10分遅れている。

4 駅まで急がなければ！

5 9時20分の電車に間に合った。

6 いつもほど電車は混んでいない。

7 電車の中では絶対寝れない派だ。

8 よく友達にメールする。

9 あと一駅で下車だ。

10 時間通りに会社へ着く。

1 punctual person：時間を守る人。You are always so punctual.（君はいつも時間に正確だね）。

2 late for work：会社に遅れる。ここではrarelyが前にあるので「めったに遅れない」の意味になる。

3 10 minutes late：10分遅れている。5 minutes late（5分遅れ）、20 minutes late（20分遅れ）。

4 must hurry：急がなくてはならない。mustは「～をしなくてはならない」の意味の助動詞。話者の「しなくては」という強い義務感を表す。

5 on time：定刻に。on timeとin timeは似ているが、前者は「ぴったり時間通りに」

現在形は、I以外を主語にすることで客観的な事実を描写することもできます。またget to...（～に着く）、get off（降りる）、on time（時間通りに）など通勤関連の表現も要チェック。 4

I'm usually a punctual person.

I'm rarely late for work.

I'm 10 minutes late this morning.

I must hurry to the station!

I'm on time for the 9:20 AM train.

The train is not as crowded as usual.

I can never sleep on trains.

I often text my friends.

I get off in one more stop.

I get to the office on time.

後者は「時間内に遅れずに」という違いがある。

6 as crowded as usual：いつも通り混んでいる。ここでは「普段より空いている」の意味。

7 sleep on trains：電車で寝る。電車で寝ている人は海外ではめったに見られない。日本は電車で寝られるくらい安全ということだろう。

8 text：メールする。 スマホなどで誰かに軽くメールを送るときによく使う動詞。

9 get off：（乗り物などから）降りる。 / in one more stop：あと1駅で。

10 get to the office：会社に着く。「着く」はarrive (at) でもよいが、口語ではget toをよく使う。

knock 5

出勤時の習慣を1文でつぶやく！

1	同僚には必ずあいさつする。
2	まずは机をキレイにしよう。
3	パソコンを開けるぞ。
4	月曜日はメールが多い。
5	急いでメールに返信する。
6	プレゼン資料に目を通す。
7	やたら文字のミスが多い。
8	昼までに仕上げなければ！
9	上司にアドバイスをもらおうかな。
10	なかなかよく仕上がった！

1 greet my colleagues：同僚にあいさつする。 米国では誰かに会ったら軽くHi!とあいさつする人が多い。

2 clean up：片づけてキレイにする。 邪魔なものを片づけるという意味ではclear the deskという言い方もできる。

3 laptop：ラップトップパソコン。 机上タイプはdesktop computer。

4 emails：Eメール。Eメールは数えられるので、emailsと複数で言うことが多い。

5 send replies：返事を送る。/ **ASAP**：できるだけ早く（as soon as possibleの略）。その他によく使う略語としてBTW（by the way）、FYI（for your information）などがある。

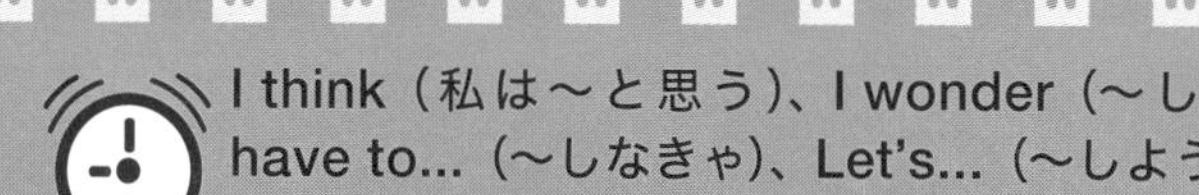

I think（私は～と思う）、I wonder（～しようかな）、I have to...（～しなきゃ）、Let's...（～しよう）など、心の動きを表すフレーズは、ひとりごと英語には必須の表現です。

5

I always greet my colleagues.

First, I clean up my desk.

Let's open up my laptop.

I have a lot of emails on Mondays.

I send replies ASAP.

I go over my presentation materials.

I find a lot of spelling mistakes.

I have to finish by noon!

I wonder if my boss has any advice.

I think it's well done!

6 go over：（全体を）見直す。動詞＋前置詞で成るphrasal verb（句動詞）の例。

7 spelling mistakes：文字の間違い。 通常は英語のスペルミスを指す。

8 by noon：昼までに。意味はよく似ているが、by noon（昼までに）とuntil noon（昼までずっと）との違いに注意。

9 I wonder if...：～かな？ 相手に少し遠慮しながら尋ねるときに使う。I wonder if you have time this afternoon.（今日の午後お時間ありますか？）。

10 well done：出来がよい。資料などが上手に仕上がったときによく言う受け身のフレーズ。

knock

6 同僚との関係を1文でつぶやく！

1 同僚のマークは好感が持てる。

2 我々は同じ部署で働いている。

3 彼にはよく英語で助けてもらう。

4 私の英語もじっくり聞いてくれる。

5 代わりに私が日本語を教えることも。

6 我々は気が合うようだ。

7 文化の違いを話すのは面白い。

8 もうひとりインド人の同僚もいる。

9 3人で一緒に出かけることも多い。

10 私ももっと英語を頑張らねば！

1 named Mark：マークという名前の。

2 department：部署。日本の部署は英語でdepartment、section、divisionなど多様な言い方がある。会社によって異なる言い方をする場合も。

3 help me with...：（誰かが）～を手伝ってくれる。 My sister always helps me with my homework.（姉はいつも僕の宿題を手伝ってくれる）。

4 patient：辛抱強い。下手な英語を話すと相手に悪いと思いがちだが、諦めずに話し続ければ大抵の外国人は一生懸命聞いてくれる。

5 in return：代わりに。ここではI teach him Japanese.（主語＋動詞＋間接目的語＋直接目的語）の順番となっていることに注意。I teach Japanese to him.よりも自

ここではWeやHeなど、I以外の主語を用いて、職場の同僚についての見解を描写しています。時には日本語では省略されている主語や目的語をハッキリさせて英語に訳しましょう。

I like my colleague named Mark.

We work in the same department.

He often helps me with my English.

He's also patient when I speak English.

In return, I teach him Japanese.

We have good chemistry.

We like to talk about cultural differences.

I also have a colleague from India.

The three of us often go out together.

I have to practice my English more!

然な英語です。

6 **have good chemistry**：気が合う。chemistry（化学反応）が人の相性という意味で使われるのが面白い。

7 **cultural differences**：文化的な違い。違いはたくさんあるのでdifferencesと複数形で言うことが多い。

8 **from India**：インド人（出身）の。from...を使うと通常その人の出身地を指す。

9 **the three of us**：我々3人。the two of us（我々2人）。

10 **practice English**：英語を練習する。話す訓練と言うときは、study、learnよりpracticeを使うほうが練習や訓練のニュアンスが伝わる。

knock
7 昼食時の習慣を1文でつぶやく！

1 仕事場にはたいてい弁当を持っていく。

2 弁当は自分と弟のために作る。

3 弁当にはさまざまな食材を入れる。

4 手作りの弁当はかなり健康的だ。

5 ときには外食することもある。

6 近くのカフェに行くのが好きだ。

7 ここで軽いランチを食べよう。

8 コーヒーとサンドイッチをよく頼む。

9 今日はランチをテイクアウトしよう。

10 ランチが冷めないといいな。

1 bring my lunch：自分の弁当を持っていく。 最近は海外でbentoという単語が知られるようになったが、一般的にはlunch、lunch boxなどと言う。

2 make lunch boxes：弁当を作る。ここでは自分と弟と2人分の弁当を作るという意味。

3 a variety of food：さまざまな食材。 鶏のから揚げ、卵焼きなど色々な料理が入っている様子を指している。

4 homemade lunch box：手作り弁当。欧米人の手作りランチはサンドイッチに果物などの簡単な組み合わせが多い。

5 eat out：外食する。/ **from time to time**：時々。sometimesと同じ意味。

現在形を使って日々の行動・習慣、客観的な事実、主観的な心の動きについて表現しましょう。eat out（外食する）やto-go（持ち帰り用の）といった表現も要チェックです。

I usually bring my lunch to work.

I make lunch boxes for myself and my brother.

I put a variety of food in them.

I think homemade lunch boxes are healthy.

I eat out from time to time.

I like to go to a nearby cafe.

Let's have a light lunch here.

I often order a coffee and a sandwich.

I want my lunch to-go today.

I hope my lunch doesn't get cold.

6 **nearby**：近くの。ここでは形容詞として使われているが、I found a cozy cafe nearby.のように副詞としても使える。

7 **light lunch**：軽いランチ。一皿に盛った手軽な昼食のこと。「重いランチ」はheavy lunch。

8 **order a coffee**：コーヒーを注文する。coffeeは通常不可算だが、カップ入りの1杯のコーヒーを指す場合はこのように可算扱いすることもある。

9 **want my lunch to-go**：ランチをテイクアウトする。米国のファーストフード店ではFor here or to go?（店内で食べますか？　持ち帰りますか？）とよく聞かれる。

10 **get cold**：冷めてしまう。getは形容詞を伴い、さまざまな状態を表す。get warm（暖かくなる）、get dark（暗くなる）など。

knock 8

会議の様子を1文でつぶやく！

1 会議は予定通り始まる。

2 まずは同僚がプレゼンをする。

3 彼のスライドはわかりやすい。

4 話すのも上手だ。

5 彼の声はよく通る。

6 さあ、自分が話す番だ。

7 少し緊張している。

8 大きく息を吸おう。

9 なるべくはっきり話すぞ。

10 一番大切なのは自分を信じること！

1 as scheduled：予定通りに。The flight departed as scheduled.（そのフライトは時間通りに飛び立った）。

2 give his presentation：（彼の）プレゼンをする。プレゼンをする＝give one's presentationと覚えておこう。

3 easy to understand：理解しやすい。英語のプレゼンでは字数や色の種類を抑え、シンプルでわかりやすいものを作るのが鉄則。

4 good speaker：よい話し手（プレゼンが上手い）。He speaks well. とも言える。

5 hear him：彼の声が聞こえる。 プレゼンの最初にCan you hear me?（私の声よく聞こえてますか？）と確認することも多い。

6 my turn：私の番。ゲームなどで、Now it's your turn.（さあ、君の番だ）という

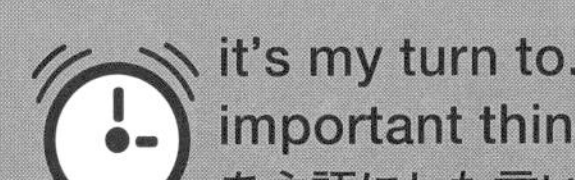

it's my turn to...（今度は私が～する番だ）やThe most important thing is...（一番大切なのは～）のように人以外を主語にした言い方を覚えると描写スキルが上がります。

The meeting begins as scheduled.

My colleague gives his presentation first.

His slides are easy to understand.

He is also a good speaker.

I can hear him very well.

Now it's my turn to speak.

I'm a little nervous.

Let me take a deep breath.

I try to speak clearly.

The most important thing is to believe in yourself!

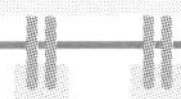

風に使える。

7 nervous：緊張している、不安な。緊張する=get nervousと言う。He gets nervous easily.（彼はすぐ緊張する）

8 take a deep breath：深く息を吸う。Take a deep breath!（しっかり息を吸って！）。緊張で凝り固まっている人に対してよく使われる。

9 speak clearly：はっきり話す。英語を話すときは、発音を気にするよりも「大きな声ではっきり話す」ことが大切。

10 believe in yourself：自分自身を信じる。believeはただ何かの情報を「信じる」の意味だが、believe in...は「（人や物の能力や可能性を）信じる」意味となる。

knock 9

英会話教室の様子を1文でつぶやく！

1 新しい先生を迎える。

2 彼女はニュージーランド人だ。

3 教科書を開くように言われる。

4 この新しい教科書は分厚い。

5 文字もすごく小さい。

6 内容が難しくないといいな。

7 自己紹介をしろと言われる。

8 私はいつもドキドキする。

9 先生は気さくな人みたい。

10 このクラスの自由な空気がいい。

1 **welcome**：～を迎える、歓迎する。You're welcome.（どういたしまして）。

2 **from New Zealand**：ニュージーランド出身。New Zealand[n(j)ùːzíːlənd]のアクセントの位置に注意。

3 **open our textbooks**：教科書を開く。Open your textbooks!（教科書を開いて！）は授業の最初に先生がよく言う言葉。

4 **thick**：厚い。薄ければthin、厚く嵩張っていればbulkyという単語も使える。

5 **text**：文字。通常textはまとまった文章を指すが、ここでは「文字」の意味。

6 **content**：（本や動画などの）中身や内容。具体的な中身を指すときはcontentsと複数になる。the contents of the box（箱の中身）。contentsは目次の意味にもなる。

ここでは通っている英会話教室の様子を現在形で描写しています。it seems... (～のようだ)、I like (私は～が好き)、I hope... (～だといいな) などの言い回しも要チェックです。

We welcome a new teacher.

She is from New Zealand.

She tells us to open our textbooks.

This new textbook is thick.

The text is very small.

I hope the content is not too difficult.

She asks us to introduce ourselves.

I always get butterflies in my stomach.

The teacher seems very friendly.

I like the open atmosphere of this class.

7 **introduce ourselves**：自己紹介をする。Please introduce yourself!（自己紹介をしてください)。

8 **get butterflies in my stomach**：ドキドキする。「お腹の中にたくさん蝶々がいる」という表現は緊張してドキドキする感じをよく表しているのでは？

9 **seem very friendly**：すごく気さくな人に思える。She looks very friendly.でも意味に大差はないが、後者は外観から受ける印象により重点を置いている。

10 **open atmosphere**：自由な(オープンな)雰囲気。ちなみに欧米の多くの学校は生徒の人数が少なく、より自由な雰囲気がある。

knock
10 図書館の様子を1文でつぶやく！

1 グループプロジェクトの宿題が出た。

2 リサーチがかなり必要な予感。

3 図書館によい本があるかなあ？

4 一部の本はすでに貸し出されている。

5 2週間は待つかもしれない。

6 じゃあ、ネットで探してみよう。

7 ネット上には役立つ情報がある。

8 偽情報に気を付けなければ！

9 スマホの電池が切れそうだ。

10 あとはそれぞれが家でやろう。

1 **assignment**：宿題、課題。homeworkが主に学校の宿題を指すのに対し、assignmentは仕事上の任務も含めて与えられる課題のこと。

2 **require**：必要とする。This job requires English language skills.（この仕事は英語のスキルが必要だ）。

3 **Can we find...?**：～が見つかるだろうか？ 通常は不特定の複数の本を探すので、ここではbooksとなっている。

4 **be checked out**：貸し出されている（受け身）。check out/borrow=（本を）借りる。I checked out/borrowed some books from the library.（図書館で本を何冊か借りた）。

5 **wait two weeks**：2週間待つ。wait five days（5日間待つ）。

can（～できる）、may（～かもしれない）、must（～しなければならない）といった助動詞を加えることで、可能性や推測も含めたさまざまなニュアンスを表すことができます。

We have a group project assignment.

Looks like it requires a lot of research.

Can we find good books in the library?

Some books are already checked out.

We may have to wait two weeks.

Let's search online instead.

The Internet has useful information.

We must be careful about fake news!

My smartphone is almost out of battery.

Let's each do the rest at home.

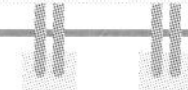

6 **search online**：オンラインで検索する。Let's browse the Internet (internet).も同じ意味。

7 **the Internet**：インターネット。最近ではinternetのように頭文字は小文字を使用することが多くなっている。

8 **be careful about fake news**：フェイクニュース（の内容）に気を付ける。

9 **out of battery**：電池切れ。「充電する」はchargeと言う。いざというときに備えてIt's best to keep your smartphone fully charged.（スマホはいつも充電しておいたほうがよい）。

10 **Let's each do...**：それぞれが～をやろう。Let's each mind our own business.（人のことを構わずに自分のことに集中しよう）という言い方もできる。

knock
11 課外活動の様子を1文でつぶやく！

1 週3回自分はバスケをしている。

2 体育館はめちゃくちゃ新しい。

3 エアコンがあって幸せだ。

4 夏の体育館はあまりに蒸し暑い。

5 自分はレギュラーではない。

6 たまには監督が試合に出してくれる。

7 やったあ！ 次は出られるって！

8 新しいシューズを買いに行こう。

9 古いやつは擦り切れている。

10 次の試合でプレイするのが楽しみだ。

1 three times a week：週に３回。once a week（週１回）、twice a week（週２回）。

2 brand new：新品の。I just bought brand new shoes.（新品の靴を買ったばかりだ）。

3 be lucky to...：～できてうれしい。/ **air conditioning**：エアコン。

4 humid：蒸し蒸しする。The summer in Japan is unbearably hot and humid.（日本の夏はたまらなく暑くて蒸し蒸しする）と言う外国人も多い。

5 regular player：レギュラーの選手。補欠ではなく試合に出られる正選手。become a regular（レギュラーになる）。

6 coach：監督。日本語の監督もコーチも英語ではcoach。/ **lets me play**：自分を試合に出してくれる。let someone+動詞は「誰かに～させる」という意味の使役用法。

現在形を使って日々の行動・習慣、客観的な事実、主観的な心の動きについて表現しましょう。時には日本語では省略されている主語や目的語をハッキリさせて英訳してください。

11

I play basketball three times a week.

Our gym is brand new.

We are lucky to have air conditioning.

The gym is too humid in the summer.

I'm not a regular player.

The coach lets me play sometimes.

Yay, I get to play in the next game!

Let's go buy a new pair of shoes!

My old ones are worn out.

I'm excited to play in the next game!

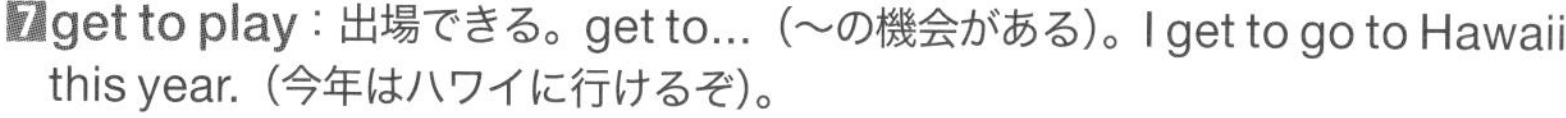

7 get to play：出場できる。get to...（～の機会がある）。I get to go to Hawaii this year.（今年はハワイに行けるぞ）。

8 a new pair of shoes：新しい靴。shoesは通常複数形で使われる。「一足の～」と言いたいときはa pair of...で表す。

9 worn out：使い古してボロボロな。人間に使うとI'm worn out.（疲れ果てている）という意味になる。

10 I'm excited to...：～するのが楽しみだ、ワクワクする。I'm so excited to see you.（お会いするのがとても楽しみです）。

knock

12 コンビニの様子を1文でつぶやく！

1 運動のあとはとても疲れる。

2 必ず甘いものが欲しくなる。

3 このコンビニは商品が豊富だ。

4 カスタード・プディングが最高！

5 2個は簡単にいけちゃう。

6 ドーナツにも目が行く。

7 腹ペコなので店を出よう。

8 この店は外国人観光客がよく訪れる。

9 スタッフは多国籍だ。

10 英語を使うにはよい職場だと思う。

1 **exhausted**：ヘトヘトに疲れている。exhausting（〜は疲れさせる）との違いに注意。Running a marathon is exhausting.（マラソンはすごく疲れる）

2 **something sweet**：何か甘い物。米国ならチョコレートかクッキーが代表的か。

3 **convenience store**：コンビニ。/ **stuff**：物（商品）。thingsと同義語だが、stuffは単数形で複数のものを表せる。

4 **custard pudding**：カスタードプリン。/ **delicious**：すごく美味しい。美味しいを表すにはtastyという形容詞もある。

5 **can easily eat**：ペロッと食べられる。欧米と日本では食べる量が違うので、日本の小さなプリンやヨーグルトには量が少な過ぎてびっくりする欧米人も多い。

ここではIを主語にして自分の行動・習慣や嗜好について述べたり、一方でI以外を主語にしてコンビニで観察できることを客観的に描写しています。

12

I'm exhausted after exercising.

I always want something sweet.

This convenience store has a lot of stuff.

Their custard pudding is delicious!

I can easily eat two of them.

The donuts also catch my eye.

I'm too hungry to stay in the store.

Many overseas tourists visit this store.

The staff is multinational.

It's a good workplace for using English.

6 **catch my eye**：自分の目に留まる。The beautiful shoes caught my eye.（美しい靴に目が留まった）。caughtはcatchの過去形。

7 **too hungry to stay**：腹ペコ過ぎてここに留まることができない。/ **too A to B**：A過ぎてBできない。

8 **overseas tourists**：外国人旅行者。overseasは使い勝手がよいので覚えておこう。go overseas（海外へ行く）。

9 **staff**：staffは集合名詞で複数形にならない。数えたいときはstaff member(s)のように言う。/ **multinational**：多国籍。

10 **good workplace**：（環境や雰囲気の）よい職場。職場環境（work environment）がよいことはとても重要。

knock

13 買い物の様子を1文でつぶやく！

1 たいてい帰り道に食材を買って帰る。

2 近くによいスーパーがある。

3 いつもお客さんで混んでいる。

4 スマホでレシピをチェックしてみよう。

5 弟は肉豆腐が好物だ。

6 牛肉、玉葱、豆腐などを買わないと。

7 家には醤油がもうない。

8 醤油が今日はセールでうれしい。

9 2本で800円だって。

10 デザートに新鮮なイチゴを買おう。

1 groceries：食料品。/ **on the way home**：家へ帰る途中。

2 supermarket：スーパー。スーパーは和製英語。欧米では週に一度スーパーでまとめ買いすることが多い。

3 crowded with...：〜で混んでいる。「〜で混む」というときの前置詞はwith。byではないので注意！

4 recipe：レシピ。最近は料理本（cookbook）よりスマホを使って料理をする人が増えている。

5 brother's favorite：弟の好物。favoriteは形容詞としても使える。It's my favorite dish.（それは私がお気に入りの料理だ）。

今度は舞台をスーパーに移しての描写トレーニングです。日本語の直訳に惑わされず、時には左ページの日本語では省略されている主語や目的語を補って英訳してください。

I usually buy groceries on the way home.

There's a good supermarket nearby.

It's always crowded with customers.

Let me check a recipe on my smartphone.

Nikudofu is my brother's favorite.

I need sliced beef, onions, tofu, and a few other things.

We are out of soy sauce at home.

I'm glad soy sauce is on sale today.

It's 800 yen for two bottles.

Let's get some fresh strawberries for dessert.

6 **need sliced beef**：牛の薄切りが必要である。欧米の多くのスーパーではsliced beefは頼まないと買えないことも多い。

7 **out of...**：（～の在庫が）ない。/ **soy sauce**：醤油。醤油は一時代前まで海外では日本食専門店でないと手に入らなかったが、最近は一般のスーパーでもよく見かける。

8 **on sale**：セール中である。Are these shoes on sale?（この靴はセールですか？）。

9 **for two bottles**：2本で。10 dollars for three packs（3箱で10ドル）のように言う。

10 **for dessert**：デザート用に。欧米では夕食の最後にアイスクリームやケーキなどをデザートとして食べることが多い。

knock **14**

調理の様子を1文でつぶやく！

1	レシピなしには料理ができない。
2	クッキングアプリはすごく便利。
3	料理動画もよく参考にする。
4	肉豆腐の調理は簡単そうだ。
5	豆腐は4cmくらいの大きさに切ろう。
6	他のものは全部一口サイズに刻む。
7	鍋でだし汁を作る。
8	だし汁にすべての材料を入れる。
9	少しの間コトコト煮る。
10	最高の肉豆腐ができた！

1 **can't cook without...**：～なしでは料理できない。

2 **cooking apps**：クッキングアプリ。This smartphone has various apps.（このスマホにはたくさんアプリがついている）

3 **from videos**：動画から。videoは映像、動画という意味。YouTube videoなど。

4 **easy to...**：～をするのが簡単、易しい。Is it easy to learn Latin?（ラテン語は易しいですか？）/ **prepare**：調理する。

5 **cut tofu**：豆腐を切る。/ **into 4cm squares**：4cm角に。

6 **chop**：刻む、細かく切る。他にmince（みじん切りにする）。/ **into bite-sized pieces**：一口サイズに。

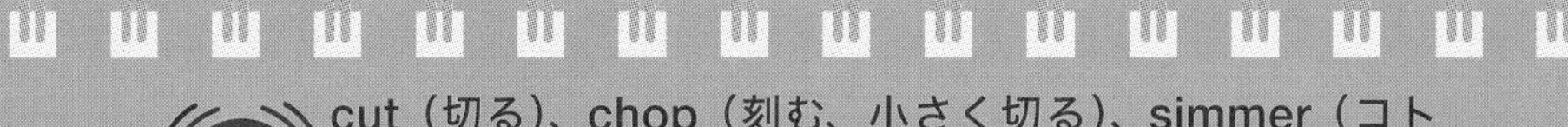

cut（切る）、chop（刻む、小さく切る）、simmer（コトコト煮る）、pot（鍋）、broth（煮汁）、recipe（レシピ）、bite-sized（一口サイズの）などの料理用語は要チェック！

I can't cook without a recipe.

Cooking apps are very helpful.

I often learn to cook from videos.

Looks like *nikudofu* is easy to prepare.

I cut the tofu into 4cm squares.

I chop everything else into bite-sized pieces.

I make *dashi* broth in the pot.

I put all the ingredients in the broth.

Let it simmer for a while.

This is the best *nikudofu* ever!

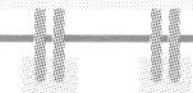

7 **dashi broth**:出し汁。最近はdashiという言葉が世界的に知られるようになってきた。make dashi broth from bonito（鰹節で出汁をとる）。鰹節は(dried) bonito。削られているものはbonito flakes。

8 **ingredients**:(料理などの)材料。This soup is made from various ingredients.(このスープは色々な材料で作られている)

9 **simmer**：(弱火で)コトコト煮る。「煮る」は一般的にはboilと言う。

10 **the best *nikudofu* ever**：最高の（今までで一番美味しい）肉豆腐。This is the best pizza ever!（これまで食べた中で一番美味しいピザだ！）

knock

15 夕飯の様子を1文でつぶやく！

1 夕飯のテーブルをセットしよう。

2 弟が皿を並べるのを手伝ってくれる。

3 一緒に「いただきます」をする。

4 弟は左利きだ。

5 見事に（左手で）箸を使う。

6 私は食べるのが早い。

7 健康にはよくないみたいだけど。

8 弟は必ずご飯のおかわりをする。

9 でも彼は全然太らない。

10 うらやましいなぁ……。

1 set the table：（夕飯のために）食卓を整える。

2 arrange the plates：皿を並べる。put plates on the tableと言ってもよい。

3 *itadakimasu*：いただきます。外国人にはIt's a Japanese phrase used before meals to express gratitude for food.（「いただきます」は食べ物への感謝を表すために日本人が食前に使うフレーズです）と説明してもよい。express gratitude=感謝を伝える。

4 left-handed：左利き。右利きはright-handed。米国では左利きの人や選手をleftyということもある。

5 have no problem with...：～は簡単にこなせる。He has no problem with English.（彼は英語に何の問題もない）。

夕食時のシーンについての描写トレーニングです。主語がIだけでなく、My brotherやHeの場合の描写にも挑戦してみましょう。

15

Let's set the table for dinner.

My brother helps me arrange the plates.

We say *itadakimasu* together.

My brother is left-handed.

He has no problem with chopsticks.

I'm a fast eater.

I know it's bad for my health.

My brother always asks for more rice.

But he never gets fat.

He's so lucky!

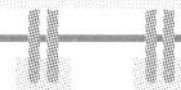

6 **fast eater**：早食いの人。英語では動詞にerをつけ「〜の特徴がある人」を表すことがある。fast learner（学びの早い人）、fast talker（早口の人）など。

7 **bad for my health**：自分の体によくない、不健康だ。

8 **ask for more rice**：おかわりをする（ご飯をもっと欲しがる）。Can I get some more rice?（ご飯もう少しもらえる？）。

9 **never get fat**：絶対太らない。neverは強い否定を表す。

10 **lucky**：ラッキーだ（「（うらやまれるほど）幸運な」の意味）。「うらやましい」と聞くとjealousやenviousなどの単語が思い浮かぶかもしれないが、You are so lucky.（君がうらやましい→君はラッキーだ）という言い方をすることも多い。

knock

16 テレビや動画について1文でつぶやく！

1 いつもテレビで7時のニュースを観る。

2 最近は悪いニュースばかり。

3 弟は深夜のバラエティ番組が好きだ。

4 私はホームコメディやラブコメが好き。

5 海外ドラマは字幕つきで観る。

6 テレビ番組を予約しよう。

7 YouTubeにもかなりの時間を割いている。

8 コンテンツがなかなか豊富だ。

9 特にセレブのトーク番組が好き。

10 今日のゲストは大好きな女優だ！

1 on TV：テレビで。日本人は前置詞が最も苦手と言われる。on the Internet、on social mediaなど映像・電子媒体を介するものには前置詞onを使用する。

2 bad news：悪いニュース。newsは不可算。There's a lot of bad news coming in.（悪いニュースばかり入ってくる）

3 variety shows：バラエティー番組。米国ではホストがゲストとトークするlate-night talk showなども人気。

4 sitcoms and romcoms：ホームコメディやラブコメ。それぞれsituation comedy、romantic comedyの略。日本でも人気の高いsitcomには『フレンズ（Friends）』など。romcomは映画に多い。

好みを述べる際に便利なI like...（私は～が好きだ）、I prefer...（私は～のほうが好みだ）、I especially like...（私は特に～が好きだ）といった表現を押さえておきましょう。

16

I always watch the 7 o'clock news on TV.

There is a lot of bad news these days.

My brother likes late night variety shows.

I prefer foreign sitcoms and romcoms.

I watch foreign dramas with subtitles.

Let me record some TV programs.

I also spend a lot of time on YouTube.

It has all kinds of content.

I especially like celebrity talk shows.

Today's guest is my favorite actress!

5 with subtitles：字幕つきの。字幕つき映画は米国で人気が低かったが、最近は外国映画を字幕つきで観る人も増えている。

6 record：（ドラマ・映画などを）録画する。

7 spend a lot of time on...：～にたくさんの時間を費やす。/ **YouTube**：ユーチューブ。

8 all kinds of...：あらゆる種類の。I listen to all kinds of music.（私はあらゆるジャンルの曲を聞く）

9 especially：特に。/ **celebrity talk shows**：セレブ（有名人）のトーク番組。

10 Today's guest：今日のゲスト。英語ではtoday's、yesterday'sと「名詞+'s」の言い方をよくする。What's today's soup?（本日のスープは何ですか？）

knock
17 就寝時の習慣を1文でつぶやく！

1 弟はいつもシャワーだけだ。

2 私はほぼ毎晩お風呂に入る。

3 温かいお風呂には癒されるなあ。

4 寝る前に顔のパックをする。

5 自分は乾燥肌なのだ。

6 サプリメントも飲んでいる。

7 スマホを充電しなくては。

8 仕事カバンの中身をチェック。

9 明日の準備は完璧かな？

10 今夜はよく眠れるといいな。

1 only take showers：シャワーしか浴びない。shower（シャワー）、bath（お風呂）。どちらも可算名詞で動詞はtakeを使う。

2 take a bath：お風呂に入る。/ **almost every night**：ほとんど毎晩。I drink wine almost every night.（ほぼ毎晩ワインを飲む）

3 refresh me：私をリラックスさせる。A warm bathが主語となっているので無生物主語構文。

4 do a face mask：フェイスパックをする。/ **before bed**：寝る前に。I read books before bed.（私は寝る前に本を読む）

5 have dry skin：乾燥肌である。欧米は湿気が少ないので乾燥肌で悩む人が多い。化粧水はskin lotion、tonerなどと言う。

take a bath（風呂に入る）、take showers（シャワーを浴びる）、take supplements（サプリを飲む）など、takeを使った就寝前の行動表現は要チェックです。

My brother only takes showers.

I take a bath almost every night.

A warm bath always refreshes me.

I do a face mask before bed.

I have dry skin.

I also take supplements.

I need to charge my smartphone.

I check the inside of my workbag.

Do I have everything ready for tomorrow?

I hope I can sleep well tonight.

6 **take supplements**：サプリを飲む、摂取する。日本語では「薬を飲む」と言うが、英語ではdrink...ではないことに注意。

7 **charge my smartphone**：自分のスマホをチャージする。

8 **check the inside of...**：～の中身をチェックする。忙しい朝はバタバタするので、前夜のうちにチェックを済ませておこう！

9 **everything ready for...**：～は準備万端である。Is everything ready for tomorrow's party?（明日のパーティの準備は万端かな？）

10 **I hope I can...**：～できるといいな。/ **sleep well**：よく眠れる。現代はsleeping disorder（睡眠障害）に悩む人が多い。herb tea（ハーブティー）も睡眠効果があるそうだ。

knock

18 週末の買い物について1文でつぶやく！

1 大型ショッピングモールに来ている。

2 新しいシューズが買いたい。

3 何と言っても自分はナイキだ。

4 ナイキはデザインがいい。

5 27cmのサイズはあるだろうか？

6 残念、27cmは在庫切れだって。

7 姉はフレアスカートが大好きだ。

8 1着、試着したいらしい。

9 でもウエストがきついみたい。

10 2人とも今日はついていない。

1 **shopping mall**：ショッピングモール。米国では家族全員で大きなモールへ車で行くことが多い。

2 **new shoes**：新しい靴。靴は左右で1足であるため、通常はshoesのように複数形にする必要がある。

3 **a big fan of...**：～が大好きだ。I'm a big fan of Hiroshima Carp.（広島カープの大ファンだ） / **Nike**：ナイキ。

4 **design**：デザイン。I always wear ZARA clothes, because I like their designs.（洋服はいつもZARA。だってデザインがいいんだもの）

5 **I wonder if...**：～だろうか。/ **size 9**：（日本のサイズで）約27cm。

姉と私でショッピングに来た状況での描写トレーニングです。現在形を使って、客観的な事実や主観的な心の動きを表現しましょう。

18

We are in a big shopping mall.

I want to buy new shoes.

I'm a big fan of Nike.

I like the design of their shoes.

I wonder if they have a size 9.

Too bad size 9 is out of stock.

My sister loves flare skirts.

She wants to try one on.

But it's too small around her waist.

An unlucky day for both of us.

6 out of stock:品切れである。When do they arrive in stock?(いつ入荷しますか?)

7 flare skirt:フレアスカート。プリーツスカート(pleated skirt)、ミニスカート(miniskirt)。

8 try one on:1着だけ試着する。試着するはtry onと言う。Can I try this on?(これ試着していいですか?)

9 too small around her waist:彼女のウエストにはきつ過ぎる。It's too small around my neck.(首のあたりがきつ過ぎる)

10 unlucky day:ついていない日。英語ではLucky me.(幸運な私)とかUnlucky me.(不運な私)とよく冗談っぽく言う。

knock

19 週末の試合について1文でつぶやく！

1 今週末、バスケの地区試合がある。

2 今回はレギュラーでうれしい。

3 しかも本試合では先発する。

4 全力で頑張りたい。

5 体育館は観客でいっぱいだ。

6 彼らの声援が聞こえる。

7 スリーポイントシュートに挑戦！

8 今日はドリブルも調子がいい。

9 あ、足がもつれる。

10 足首を捻挫したかもしれない。

1 **district**：地区（の）。他にregionalという単語もあるが、districtより大きく広い地域を指す。

2 **happy to be...**：〜になれてうれしい。/ **this time**：今回。this timeは副詞句なので前置詞は必要ない。

3 **starting player**：先発の選手。短くstarterとも言う。He is a starter this time.（彼は今回先発だ）

4 **do the best I can**：全力を尽くす。他にdo everything I can、give it my allなどの言い方もある。

5 **full of...**：〜でいっぱいの。/ **spectators**：（スポーツ観戦などの）観客。一方、audienceは演劇やバレエなどのパフォーマンスを観る観客に対して使われる。

週末のアクティビティに関する描写トレーニングです。I hope...（〜だとうれしいな）、I'm happy to...（〜でうれしいな）などの心の動きを表す表現を押さえておきましょう。

There's a district basketball game this weekend.

I'm happy to be a regular player this time.

I'm also a starting player in this game.

I hope I do the best I can.

The gym is full of spectators.

We can hear their cheers.

I try a three-point shot!

I also dribble well today.

Oops, I trip over my own feet.

My ankle may be sprained.

6 **hear their cheers**：彼らの声援が聞こえる。hear（自然に〜が耳に入ってくる）とlisten (to...)（〜に意識的に耳を傾けて聞く）の違いに注意。

7 **three-point shot**：スリーポイントシュート。日本語ではシュートと言うが、英語はshot。make a three-point shot（スリーポイントシュートを決める）

8 **dribble well**：ドリブルが上手くできる。パスの場合はHe makes good passes.（彼はよいパスをする）などと言う。

9 **trip over my own feet**：自分の足がもつれる（結果つまずく）。自分の足につまずくこと。自分の判断ミスや不器用さによることが多い。

10 **ankle**：足首。/ **be sprained**：捻挫する。Be careful not to sprain your ankle while playing basketball.（バスケするときは足を捻挫しないように注意してください）

knock

20 読書傾向について1文でつぶやく！

1	ほとんど小説は読まない。
2	小説よりマンガをよく読む。
3	従妹のお勧めは『推しの子』だ。
4	自分は絶対『ワンピース』だな。
5	将来の夢は漫画家になること。
6	世界で有名になれたらいいな。
7	姉は歴史小説が大好きだ。
8	彼女は戦国時代小説に夢中。
9	これらの話には残酷なシーンがある。
10	自分は残酷な話より平和な話が好きだな。

1 rarely read novels：小説はめったに読まない。小説全般を指しているのでnovelsと複数。

2 read manga：マンガを読む。可算のnovelとは違い、mangaは不可算。Japanese comicsと言うことも。

3 recommend：勧める。日本語の「推し」に近い英語はfave（favoriteを縮めたスラング）。*My Star* is my fave.（自分の推しは『推しの子』だ）。

4 absolutely：絶対に。I'm absolutely in love with *One Piece*.（『ワンピース』に夢中だ）という言い方もある。

5 manga artist：漫画家。一般的にはcomic artist、cartoonistなどとも言う。

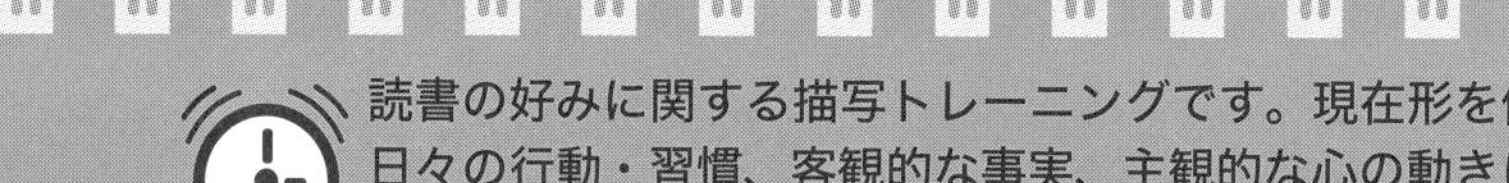

読書の好みに関する描写トレーニングです。現在形を使って日々の行動・習慣、客観的な事実、主観的な心の動きについて表現しましょう。

20

I rarely read novels.

I read manga more than novels.

My cousin recommends *My Star*.

I absolutely love *One Piece*.

My dream is to become a manga artist.

I want to be known worldwide.

My sister loves historical fiction.

She is crazy about warrior stories.

The stories describe gruesome scenes.

I prefer peaceful stories to violent ones.

6 known worldwide：世界的に知られる。world-famous（世界的に有名な）。He's a world-famous artist.（彼は世界的に有名なアーティストだ）。

7 historical fiction：歴史小説。historical novelsとも言う。detective novels（探偵小説）、mystery novels（ミステリー小説）。

8 crazy about...：～に夢中になる。ハマるという意味ではbe into...という言い方も。I'm into historical dramas.（歴史ドラマにハマっている）。/ **warrior stories**：侍が出てくるような戦国時代の小説

9 describe：描く。/ **gruesome**：陰惨で残酷な

10 violent：暴力的な。ここでのprefer peaceful stories to violent onesはprefer A to B（BよりAが好き）の形になっている。

knock

21 美容院の様子を1文でつぶやく！

1 今日は美容室にいる。

2 ここへは月3回くらい来る。

3 いままで髪を短くしたことがない。

4 今日はちょっと変身してみたい。

5 気分を変えて前髪を作ろうかな？

6 パーマはどうだろう？

7 ふんわりしたパーマがいいな。

8 髪も染めてみようかな。

9 明るい色が似合っている。

10 なかなか可愛いぞ！

1 beauty salon:美容院。美容師はhairdresser、hair stylist、beauticianなど色々な呼び方がある。

2 every three months or so:約3カ月に一度。every two months(2カ月ごとに)

3 cut my hair short：自分の髪を短く切る。I prefer my hair long.（自分の髪は長いほうが好き）

4 get a bit of a makeover:ちょっぴり変身する。makeoverとは髪型、化粧、洋服、アクセサリーなどで自分の雰囲気を変えること。

5 have bangs：前髪を作る。/ **for a change**：気分を変えて。I usually have ice cream for dessert, but today I'll have cake for a change.（いつもはデザート

I should…（私は～すべき、～するはず）は、確信はないけど曖昧に予想する際に使える表現です。またI never…（私は決して～しない）を使って自分の気持ちを語ることもできます。 21

I'm in a beauty salon today.

I come here every three months or so.

I never cut my hair short.

Today I want to get a bit of a makeover.

Should I have bangs for a change?

What about a perm?

I love wavy, curly hair.

I should dye my hair too.

I look good with lighter hair.

I think I look cute!

はアイスクリームだけど、今日は気分を変えてケーキにしよう）

6 What about…?：～はどう？ 何かを提案したり、意見を求めるときに使う。/ perm[p'ɚːm]：パーマ。発音注意。permの実際の発音はパーマではなく、パームという感じに近い。

7 wavy, curly hair：ゆるくふんわりパーマがかかっている髪。欧米人はもともとそのような髪質の人が多い。

8 dye：髪を染める。スペルに注意。決してdie（死ぬ）と間違えないように！

9 look good with…：～が似合う。/ lighter hair：明るい色の髪。髪の色はlight（明るい）、dark（暗い）で表す。

10 look cute：可愛く見える。主語をIにすれば自画自賛の表現になる（笑）。

knock
22 ドライブの様子を1文でつぶやく！

1 マークとアニックが海に行きたいんだって。

2 一番近いのは多分江の島かな。

3 車で1時間くらいかかる。

4 道路が混んでないといいけれど。

5 昼までに到着するはずだ。

6 全員めちゃくちゃ腹ペコだ。

7 可愛い和風カフェに入ろう。

8 我々全員が甘党だ。

9 ビーチにあまり人はいない。

10 夕陽が沈む頃、海はさぞキレイだろう。

1 go to the beach：ビーチ（海岸）へ行く。海へ行くときの慣用表現として使われる。

2 the closest place：一番近い場所。close（近い）、closer（より近い）、closest（最も近い）のように変化する。

3 take about an hour：約1時間かかる。かかる時間を表現するときは動詞のtakeを使う。How long does it take to drive to Enoshima?（江の島まで車でどのくらい時間がかかりますか？）

4 too busy：すごく混んでいる。busyは人が忙しいときによく使われるが、道路（street/road）の混雑を表すのにも使用される。

5 should arrive：着くだろう。shouldは推測・予測を表す助動詞。ここでは話し手が到着時間を推測している。

現在形は客観的な事実を表す際に用いますが、助動詞のshould（～するはずだ）やmust（～にちがいない）を用いることで予想や確信のニュアンスを加えることができます。

22

Mark and Anik want to go to the beach.

The closest place is probably Enoshima.

It takes about one hour by car.

I hope the road is not too busy.

We should arrive before noon.

We are all terribly hungry.

Let's go into a cute Japanese-style cafe.

We all have a sweet tooth.

There are few people on the beach.

The beach must be so beautiful at sunset.

6 terribly hungry：ものすごく腹ペコな。terriblyは形容詞terribleの副詞。ほぼ同じ意味の単語にawful、awfullyがある。

7 go into...：～に入る。/ Japanese-style cafe：和風のカフェ。ここでは和の雰囲気のある外観や和食・甘味などを提供する店を指している。

8 have a sweet tooth：甘党。辛い物好きならI love spicy food.（私は辛いものが好きだ）などと言える。

9 few people：人が少ない。冠詞の有無によってここのfewの意味は変わってくるので注意。a few（少しは人がいる）、few（ほとんど人がいない）。

10 at sunset：日没には。「日の出」はsunrise。日本の美称である「日出ずる国」はThe Land of the Rising Sun（日の出る国）と表せる。

knock **23**

映画館デートの様子を1文でつぶやく!

1 新作映画のチケットを2枚持っている。

2 日曜に一緒に行かないかとマークを誘う。

3 あれ、これってデートですか?

4 真ん中の席に座れてラッキー!

5 映画はアクションコメディだ。

6 楽しいアクションシーンが多い。

7 人生の悲しみも描かれてる。

8 この映画に2人とも感動。

9 お互い映画好きみたいだ。

10 映画のことなら何時間でも話せちゃう。

1 **tickets**:チケット。/ **new movie**:最新の映画。

2 **invite**:招待する、誘う。/ **go with...**:~と一緒に行く。Who do you want to go with?(誰と一緒に行きたい?)。

3 **date**:デート。「デートする」はgo (out) on a dateと言う。動詞のdateを使い、I'm dating him.(彼とつきあっている)のような言い方もある。

4 **be lucky to...**:~してラッキーだ。I'm so lucky to get a ticket to the concert.(そのコンサートのチケットが手に入って超ラッキーだ)/ **center seats**:真ん中の席

5 **action comedy**:アクション・コメディ。他にromantic comedy/romcom(ラブコメ)、slapstick comedy(ドタバタ喜劇)などがある。

映画館に関する描写トレーニングです。現在形を使って日々の行動表現、客観的な事実、主観的な心の動きについてバランス良くつぶやいてみましょう。

23

I have two tickets to a new movie.

I invite Mark to go with me on Sunday.

Oh, is this a date?

We are lucky to get center seats.

The movie is an action comedy.

There are a lot of fun action scenes.

It also portrays the sorrows of life.

We are both impressed by the movie.

I guess we are both movie lovers.

We can talk about movies for hours.

6 **action scenes**：アクションシーン。派手なアクションシーンはどの国でも人気。『ダイ・ハード(Die Hard)』は今でも人気のある映画の1つ。

7 **portray**：描く。/ **sorrows of life**：人生の悲しみ。

8 **be impressed by...**：～に感動する。be impressed（動詞の受け身）+by（前置詞）の形を覚えよう。

9 **movie lovers**：映画好き。熱狂的な映画ファンならmovie buff（buff=熱狂者）のような言い方も。

10 **for hours**：何時間も。The meeting lasted for hours.（その会議は延々と続いた）

knock

24 ジムの様子を1文でつぶやく！

1 最近食べ過ぎの傾向にある。

2 明らかに運動不足だ。

3 ジョギングさえきつい。

4 ジムでワークアウトを始めなくては！

5 フィットネスのクラスに申し込む。

6 まずはランニングマシーンにトライしたい。

7 すでに息が切れている。

8 ヒップホップなら楽しいかも。

9 かなり大変だけど楽しい！

10 頑張って続けようっと！

1 tend to...：～する傾向がある。She tends to overthink things.（彼女は考え過ぎる傾向がある）。食べ過ぎにはovereatという単語も使える。/ **lately**：最近。

2 clearly：明らかに。/ **out of shape**：運動不足。一方運動とは関係なく、in good shape（健康である）、in bad shape（健康でない）という表現もある。My grandmother is in good shape.（おばあちゃんはとても元気だ）

3 jogging：ジョギング。/ **make me tired**：私を疲れさせる。make someone+形容詞・過去分詞で使役用法。This exercise makes me exhausted.（このエクササイズは超疲れる）。

4 work out：ワークアウトをする（ジムなどで運動をする）。

5 sign up for...：～に申し込む。Don't forget to sign up for the event!（そのイベ

tend to...（〜する傾向にある）、out of shape（運動不足の）、out of breath（息を切らして）などの客観的な事実の描写に使える表現は要チェックです。

I tend to eat too much lately.

I'm clearly out of shape.

Even jogging makes me tired.

I should start working out at the gym!

I sign up for a fitness class.

I want to try the treadmill first.

I'm already out of breath.

I might enjoy a hip-hop class.

It's tough but enjoyable!

Let's keep it up!

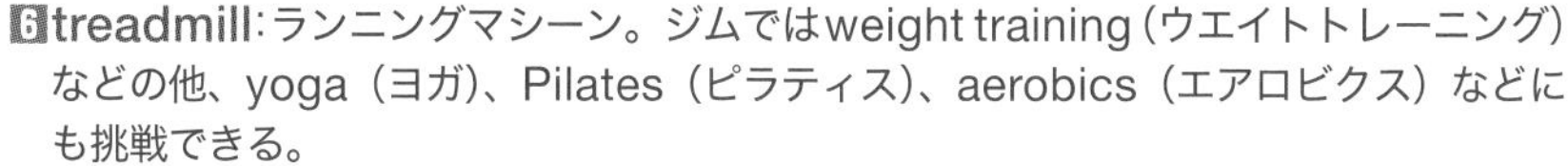

ントの申し込みを忘れないで！）

6 **treadmill**：ランニングマシーン。ジムではweight training（ウエイトトレーニング）などの他、yoga（ヨガ）、Pilates（ピラティス）、aerobics（エアロビクス）などにも挑戦できる。

7 **out of breath**：息が切れる。I get out of breath when using the treadmill.（ランニングマシンを使うと息が切れる）

8 **might enjoy**：楽しいかもしれない。mightは「かもしれない」という軽い推量を表す助動詞。/ **hip-hop class**：ヒップホップダンスのクラス。

9 **tough**：きつい、大変な。toughには精神的に「忍耐が要る」という意味もある。She has a tough job.（彼女は大変な仕事をしている）

10 **Let's keep it up!**：引き続き頑張ろう！　ここでは自分で自分を励ましている。

knock

25 旅行の様子を1文でつぶやく！

1 今週は三連休だ。

2 台湾へのエアチケットを 2 枚購入してある。

3 弟にとっては初めての海外旅行。

4 東京から台北までたったの4時間だ。

5 フライトはスムーズで快適。

6 よいガイドブックも持参した。

7 台北の街を歩くのが楽しみ。

8 美味しい飲茶の店を探そう。

9 弟はかき氷に興味があるみたい。

10 台湾のかき氷は色彩がキレイ。

1 **three-day weekend**：三連休。次の祝日は日曜日と重なると言いたいときはThe next holiday falls on a Sunday. と言える。

2 **plane tickets to Taiwan**：台湾行きのエアチケット。「チケットを予約する」はreserve/book tickets。

3 **my brother's first trip abroad**：弟にとって初めての海外旅行。This is our first visit to Taiwan.（我々にとって台湾を訪れるのは初めてだ）。

4 **only four hours**：たったの4時間。It's only a four-hour flight from... とも言い換えられる。

5 **smooth and comfortable**：スムーズで快適。smooth [smúːð]は、最後の子音が日本語のスムーズとは異なるので注意。

台湾への旅行に関する描写トレーニングです。現在形を駆使して、客観的な事実や心の動きをつぶやきましょう。seem（～らしい）は見た感じの印象や推定を表すのに便利な表現です。

We have a three-day weekend this week.

I have two plane tickets to Taiwan.

This is my brother's first trip abroad.

It's only four hours from Tokyo to Taipei.

The flight is smooth and comfortable.

I have a good sightseeing guidebook.

I like to walk around the city of Taipei.

Let's find a good dim sum restaurant.

My brother seems interested in shaved ice.

Taiwanese shaved ice is very colorful.

6 **sightseeing guidebook**：観光案内書。ネットで情報を得る人が増えているが、優れたガイドブックの人気はいまだに高い。

7 **walk around...**：～を歩き回る。stroll around（散策する）という表現もあるが、こちらは目的なしに気ままにブラブラ歩くという意味合いが強い。

8 **dim sum**：点心、飲茶。米国でもdim sumは超人気。肉まんはsteamed pork bunsという。soup dumplings（小籠包）、meat dumplings（シューマイ）なども人気。

9 **seem interested in...**：～に興味がありそうだ。/ **shaved ice**：かき氷。

10 **very colorful**：すごくカラフル。ちなみに冷た過ぎて頭がキーンとする状態はbrain freezeと言う。

knock
26 アルバイトの様子を1文でつぶやく！

1 韓国アイドルグループのコンサートがある。

2 世界的に有名なグループだ。

3 彼らは歌もダンスも上手い。

4 今日はこのコンサートでバイトしている。

5 自分の仕事は会場整理だ。

6 会場はファンであふれている。

7 彼らはみな興奮している。

8 ファンのひとりが病気のようだ。

9 救急車を呼ぼう。

10 彼女大丈夫だといいな……。

1 Korean idol group：韓国のアイドルグループ。K-popのグループは米国でも人気。コンサート会場には多くのファンが押し寄せる。

2 popular worldwide：世界的に有名。最近はglobally（世界的）に活躍するアジア人アーティストが増えている。

3 be great at...：〜に優れている。not only... but also（〜だけでなく、〜も）を使い、They are good at not only singing, but also dancing. とも言える。

4 part-time job：バイトの仕事。part-timeを副詞として使い、I work here part-time. とも言える。アルバイト、または非正規で働くことを意味している。

5 in charge of...：〜の担当である。/ **organize the venue**：会場を整理する。コンサート、スポーツイベントなどに使われる会場をvenueと言う。

I以外を主語にして、積極的に観察した状況を英語で描写していきましょう。it seems...（〜のようだ）も見た印象や様子を描写するのに便利な表現です。

26

There's a concert by a Korean idol group.

They are popular worldwide.

They are great at both singing and dancing.

I have a part-time job at today's concert.

I'm in charge of organizing the venue.

The venue is packed with fans.

They all look so excited.

It seems one fan is sick.

Let's call an ambulance!

I hope she's OK.

6 **be packed with fans**：ファンで埋め尽くされている。「〜で（詰まった）」という意味の前置詞はここではbyではなくwith。

7 **look so excited**：すごく興奮しているように見える。excited（興奮している）とexciting（興奮させる）の混同に注意しよう。The concert is really exciting.（そのコンサートは興奮するほど素晴らしい）

8 **it seems...**：〜のようだ、〜らしい。It seems...とわざわざ言っているのは、状況が正確にはわからないが多分そうらしいという意味。/ **one fan**：ひとりのファン。

9 **call an ambulance**：救急車を呼ぶ。日本では救急車を呼ぶときは119番だが、米国では911。この番号は国によって違う。

10 **I hope...**：〜だといいな。I hope she recovers soon.（彼女が早く回復するといいな）。現在の状況についての希望や願望を述べるとき、hopeの後に来る動詞は現在形を使う。

knock
27 健康状態について1文でつぶやく！

1 今朝は喉が痛い。

2 水を飲むことさえつらい。

3 熱を測らなくちゃ。

4 わぁ、38度5分以上ある！

5 インフルエンザかもしれない。

6 ひどい頭痛もある。

7 ズキズキするような痛みだ。

8 姉はたいていアイスパックを持ってきてくれる。

9 おかゆまで作ってくれるなんて。

10 少し気分がよくなってきた。

1 **have a sore throat**：喉に痛みがある。病気の症状を表すときの動詞はhave。have a cold（風邪を引いている）、have a cough（咳が出る）など。

2 **can't even swallow...**：〜を飲み込むことさえできない。I can't even breathe.（息をすることさえできない）

3 **take my temperature**：自分の熱を測る。「熱を測る」はtake one's temperature。Do you have a fever?（熱がありますか？）

4 **over 38.5 degrees**：摂氏38.5度以上。米国は華氏（Fahrenheit）。摂氏38.5度はおおよそ華氏101.3度。

5 **might**：〜かもしれない。mightは可能性や推量を表す助動詞。It might rain tomorrow.（明日は雨かもしれない）/ **the flu**：インフルエンザ。

have a sore throat（喉が痛い）、have a bad headache（頭痛がする）、have the flu（インフルエンザにかかる）といった病気に関する行動表現も要チェックです。 27

I have a sore throat this morning.

I can't even swallow water.

I should take my temperature.

Wow, it's over 38.5 degrees!

I might have the flu.

I also have a bad headache.

It's a throbbing pain.

My sister usually brings me an ice pack.

She even makes rice porridge for me.

I start to feel a little better.

6 bad headache：ひどい頭痛。軽い頭痛はslight headacheと言う。

7 throbbing pain：ズキズキする痛み。painと組み合わせて痛みを表す形容詞には、dull（鈍い）、sharp（鋭い）、pounding（ズキンズキンする）などがある。

8 ice pack：氷枕。日本では発熱時に体を温めながら、不快感を軽くするために氷枕を使ったりするが、なるべく体を冷やして体温を下げるという国もある。

9 rice porridge：おかゆ。欧米では病気のときかゆの代わりに温かいスープなどを飲むことが多い。温めたオートミールを食べる人もいるが、その場合は砂糖をかけて食べるのが一般的。

10 start to feel...：～と感じ始める。I start to feel more relaxed.（だんだんリラックスしてきた）

knock
28 受験勉強について1文でつぶやく！

1 大学の受験シーズンがやって来た。

2 いくつか受験する大学を考えている。

3 今日は先生との面接だ。

4 何に興味があるのかと聞かれる。

5 コンピューターサイエンスを専攻したい。

6 数学をもっと頑張らなくては。

7 週に2回塾に行っている。

8 それですごく忙しい。

9 マンガを読む時間もない。

10 いつか入試のない世界が来ないかな。

1 it's time for...：～の時期だ。It's time for Christmas!（クリスマスがやって来た！）/ **entrance exams**：入学試験。

2 in mind：（～について）考えている。keep...in mind（心に留めておく）。I'll keep that in mind.（それを心に留めておくよ）

3 have an interview with...：～と面接する。I had an interview with a recruiter.（リクルーターの面接を受けた）

4 what I'm interested in...：私が興味のあること。Are you interested in physics?（あなたは物理学に興味ありますか？）

5 major in...：～を専攻している。I'm a computer science major.（私はコンピューターサイエンス専攻です）という言い方もある。

have time to...（～する時間がある）、have an interview（面接を受ける）、have ... in mind（～を考えている）などのhaveを使った行動表現を押さえておきましょう。 28

It's time for college entrance exams.

I have several universities in mind.

Today I have an interview with my teacher.

He asks me what I'm interested in.

I want to major in computer science.

I need to study math more.

I go to cram school twice a week.

It keeps me really busy.

I don't even have time to read manga.

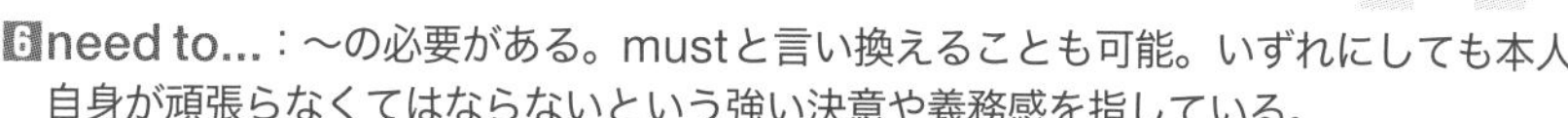

I want to live in a world without entrance exams.

6 **need to...**：～の必要がある。mustと言い換えることも可能。いずれにしても本人自身が頑張らなくてはならないという強い決意や義務感を指している。

7 **cram school**：塾。cram schoolは詰め込み教育をする塾や予備校を指し、日本の塾を表すときによく使われる。海外にも学校以外で指導する場としてtutoring center、learning centerなどがある。

8 **keep me really busy**：（～のせいで）すごく忙しくなる。Itは塾に行くことを指す無生物主語。英語では無生物主語もよく使われる。

9 **don't even have time to...**：～する時間さえない。強調のevenの使い方に注目！

10 **world without...**：～なしの世界。I want to live in a world without war.（戦争のない世界に住みたい）。

knock

29 交流パーティについて1文でつぶやく！

1 外国人従業員のためのパーティがある。

2 私はパーティの準備を任された。

3 この会社の従業員は外国人が多い。

4 マークはカナダ、アニックはインドだ。

5 アニックからインド人の妻を紹介される。

6 彼女はほぼ日本語を話さない。

7 日本食にも慣れていないようだ。

8 近くにインドレストランがあったな。

9 みんなで一緒に行ったらどうだろう？

10 マークもその案に大賛成だ。

1 non-Japanese employees：外国人（日本人以外の）従業員。

2 be responsible for...：～を担当する。ある仕事全体に責任を持つ意味合いが大きい。/ **set up...**：～を準備する。

3 various nationalities：さまざまな国籍。当たり前だが、国籍と人種は異なる場合がある。アジア系であってもアメリカ国籍であれば、I'm (an) American.だ。

4 Mark：マーク。/ **Anik**：アニック。名前から人種や国籍が想像できることも多い。ただしアメリカもカナダも多人種国家で有名だ。

5 introduce us to...：私たちを～に紹介する。Can you introduce me to your friend?（私を君の友達に紹介してもらえる？）

There is/are...（～がある）は、何かがある場所に存在することを描写するのに便利な表現です。また、視点を自分以外に移して体感したことを英語でつぶやいてみましょう。 29

There's a party for non-Japanese employees.

I'm responsible for setting up the party.

We have employees of various nationalities.

Mark is from Canada and Anik is from India.

Anik introduces us to his wife from India.

She speaks almost no Japanese.

She's not used to Japanese food either.

There's an Indian restaurant nearby.

How about going there together?

Mark says it's a great idea.

6 speak almost no Japanese：日本語はほぼ話さない。I speak English, but almost no Chinese.（英語は話すけど、中国語はほぼダメ）

7 be used to...：～に慣れている。toの後には名詞や名詞句が来る。toの後に動詞が来るused to（以前は～した）とは意味が異なるので注意。

8 Indian restaurant：インド料理の店。

9 How about...?：～するのはどう？How about having dinner together?（一緒に夕飯食べない？）

10 great idea：すごくよいアイデア。It's a good/great idea.は、誰かの意見・提案に賛同するときに使える便利な表現。

knock
30 資格試験について1文でつぶやく！

1 毎年外部の英語試験を受ける。

2 今年は2回目だ。

3 前回を上回るよう頑張りたい。

4 いつもリスニングはよくできる。

5 いくつかの単語が理解しづらい。

6 リーディングは結構得意だ。

7 今日のテストは単語が難しい。

8 いくつか知らない単語がある。

9 文法はいつもバッチリ！

10 結果がよいといいな。

1 **external English test**：外部（学外）の英語試験。具体的にはTOEICやTOEFLなどの試験などを指すことが多い。

2 **It's my second time**：～するのは自分にとって2回目。It's my first time (doing this).（これをするのは初めてだ）

3 **do better**：前より頑張る。I want to do better on the speaking test.（スピーキングテストでもっと頑張りたい）

4 **do well on...**：～がよくできる。/ **listening test**：聞きとりのテスト。聞きとりという意味のヒヤリングは和製英語。

5 **hard to make out**：理解するのが難しい。His writing is so messy. I can't make out what's written.（彼の字はすごく汚い。何が書いてあるのかまったくわ

I以外を主語にした英文を作ることで、描写スキルを高めましょう。I want to... (私は〜したい) やI hope to... (〜だといいな) など、心の動きを表す表現も要チェックです。

30

I take an external English test every year.

It's my second time this year.

I want to do better this time.

I usually do well on the listening test.

Some words are hard to make out.

I do pretty well on the reading test.

Today's test has difficult vocabulary.

Some words are unfamiliar to me.

Grammar is not a problem for me.

I hope to get good results.

からない)

6 **do pretty well on...**：〜はかなりよくできる。prettyはwellを修飾しており、この組み合わせでよく使われる。

7 **difficult vocabulary**：難しい言葉。vocabularyは不可算。口語では略してvocabと言うこともある。

8 **be unfamiliar to...**：〜には馴染みがない(よく知らない)。I'm not familiar with these words.(これらの単語はよく知らない)という言い方もできる。

9 **grammar**：文法。/ **not a problem**：問題ではない、(〜が)不得意ではない。

10 **get good results**：よい結果を得る。「よい得点を得る」を指す場合はget a good scoreとも言う。

Review 1

現在形で表せる3つのこととは？

Step 1はここまで。30本のノック、お疲れ様でした。Step 1では、主に日常の行動習慣に関するひとりごと英語を1文でつぶやいてきました。「自分の日常の行動が英語で話せる」スキルは、英語を話せるようになるための第一歩です。本文に出てきたフレーズをくり返し復習した後は、ぜひ普段の自分の行動習慣を英語でつぶやくことにも挑戦してみてください。

ところでStep 1で登場した英文はすべて1文というだけでなく、時制がすべて現在形という強固な縛りがありました。英語の現在形を使うと、①日常の習慣的な行動、②客観的な事実、③主観的な心の動きなどを表すことができます。本文で登場した例を順に見ていきましょう。

基本動詞や頻度の副詞を使って、自分の行動習慣を英語にしよう！

第一に日常の行動習慣を表す例文としては、下記の例が挙げられます。

- **I always wake up around 7:00 AM.**
  (いつも7時頃に目を覚ます)
- **I often pour soy sauce on the egg.**
  (卵にはよく醤油をかける)
- **Sometimes I want to eat sweet bread.**
  (時々甘いパンが食べたくなる)
- **I'm rarely late for work.**
  (めったに会社には遅れない)
- **I never cut my hair short.**
  (いままで髪を短くしたことがない)

日常の行動を英語にすることができる基本動詞とともに、always（いつも）やrarely（めったに～しない）のような頻度の副詞を押さえておきましょう。every three months or so（月3回程度）を使ってI come here every three months or so.（ここへは月３回くらい来る）のように言うこともできます。基本的な頻度の副詞を下記のように表にまとめておきます。

always いつも、常に	sometimes 時々、たまに
usually 通常、たいてい	rarely ほとんど〜ない、めったに〜ない
often しばしば、よく	never 決して〜ない

I を主語にして自己紹介したり、客観的な事実を描写してみよう！

現在形はまた、客観的な事実を表す際にも使えます。これはI'm...（私は〜だ）やI like...（私は〜が好きだ）を使って自己紹介を述べたり、I以外を主語にして現在の状況を描写するのに便利です。Step 1で出てきた例は下記のようになります。

・**I'm a fast eater.** （私は食べるのが早い）
・**I like my eggs sunny side up.** （卵料理では目玉焼きが好き）
・**I still look sleepy.** （顔がまだ眠そうだ）
・**We work in the same department.**
（われわれは同じ部署で働いている）
・**The meeting begins as scheduled.** （会議は予定通り始まる）
・**The train is not as crowded as usual.**
（いつもほど電車は混んでいない）

Iを主語にした自己紹介が言えるようになったら、Step 1の本文に出てきたようにHeやSheを主語にした他己紹介の文もつぶやいてみましょう。また上記のthe meeting やthe trainのように物を主語にした文が英語で話せるようになると、英語の描写力が一歩前進することでしょう。

疑問文や助動詞を使って、心の動きを表現してみよう！

3つ目に現在形は、主観的な心の動きについて表すこともできます。これは自分の現在の心境を英語でつぶやくのに非常に便利です。Step 1に登場した例だと次のようになります。

- **Do I have my keys?** （鍵は持ったっけ？）
- **How about sneakers with a suit?**
（スーツにスニーカーはどうだろう？）
- **Let’s get out of bed!** （さあ、起きるぞ！）
- **I hope I can sleep well tonight.** （今夜はよく眠れるといいな）
- **I wonder if my boss has any advice.**
（上司にアドバイスをもらおうかな）
- **I’m excited to play in the next game!**
（次の試合でプレイするのが楽しみだ）
- **We may have to wait two weeks.**
（２週間は待つかもしれない）
- **I might have the flu.** （インフルエンザかもしれない）
- **I should take my temperature.** （熱を測らなくちゃ）
- **The beach must be so beautiful at sunset.**
（夕陽が沈む頃、海はさぞキレイだろう）

自分の心境をつぶやくのに最も簡単な方法は、疑問文を使って心の声をつぶやくことやLet’s...（～しよう）を用いて自分に呼びかけることです。またI hope...（～だといいな）、I wonder...（～しようかな）、I’m excited to...（～するのが楽しみだ）のような心の動きを表すのに便利な基本動詞や表現を押さえておきましょう。さらにmayやshould、mustのような助動詞は、動詞に義務や推量、必要性といったニュアンスを加え、事実はさておき自分が感じた心の動きを表すことができます。これらの表現を駆使して主観的な心境を率直に話すことができれば、確実に英語の表現力を高めることができます。

いかがでしたか。現在形を使って日常の行動習慣、客観的な事実、主観的な心の動きを表す例を見てきました。ぜひもう一度Step 1を見直して、どの英文がどのケースに当たるか見てみてください。日々の行動習慣や客観的な事実を英語にする描写スキルと、自分の心の動きを英語でつぶやく表現スキルが身につけば、Step 1は終了です。この２系統のスピーキング力を軸に、次のStep 2に進んでください。

2文スピーキング
[日記表現]

Step 2では、過去形に焦点を当て、英語日記に必須の「今日の出来事」や過ぎ去った日々の想い出をつぶやいていきます。後半では現在完了形も取り上げます。このStepでの主な目標は下記です。

- □ 過去形を使って、今日起きた出来事を報告できる
- □ 感情を示す形容詞や感嘆文を使って、自分の気持ちを表せる
- □ 現在完了形を使って、小さな自慢話や経験談が語れる
- □ 過去の出来事について、2文で一言感想や補足を交えて話せる

knock

31 今日のうれしかった出来事を2文で！

1 春の訪れを感じた。
ちょっとワクワクした。

2 ついに昇給した。
何ていい日だ！

3 我がチームがファイナルへ進出した。
やったぁ！

4 誕生日に友達が電話をくれた。
何て優しいんだ！

5 甥が婚約した。
おめでとう！

1 **feel**：感じる。feltはfeelの過去形。/ **signs of spring**：春の兆し。風、太陽の光、小鳥のさえずり、花など。Cherry blossoms are a sign of spring.（桜が咲いたら春の訪れだ）/ **a little excited**：ちょっとワクワクする。

2 **finally**：ついに。/ **get a raise**：昇給する。gotはgetの過去形。I got a pay cut.（給料が下がった）。/ **What a...!**：何て〜なんだ！ このWhatはHowとともに感情を表す感嘆詞。What a bad day!（何てひどい日なんだ……）

3 **team**：チーム。/ **make it to...**：〜に進出する。make it to...には〜へ頑張ってたどり着くというニュアンスがある。We made it to the airport on time.（我々は時間通りに空港に着いた）/ **final**：決勝。/ **Yay!**：やった！わぁい！

過去の出来事をシンプルに報告した後、一言感想や補足事項を添えましょう。How was your day?(今日はどうだった？)という定番の質問への回答にも最適です。

1 I felt signs of spring.

2 I was a little excited!

1 I finally got a raise.

2 What a nice day!

1 Our team made it to the finals.

2 Yay!

1 My friend called me on my birthday.

2 How sweet!

1 My nephew got engaged.

2 Congratulations!

4 call me：私に電話をする。on my birthday：誕生日に。曜日、日にちには前置詞のonを使う。月の前置詞はinなので注意。I was born in October.（私は10月生まれだ）/ **How...!**：何て～なんだ！

5 my nephew：私の甥。/ **get engaged**：婚約する。getは形容詞と結びつき、特定の状態や状況への移行や変化を表す。I need to get ready for the meeting.（会議の準備をしないと）/ **Congratulations!**：おめでとう！

knock **32** 今日のついてなかった出来事を2文で!

1	今朝電車を一本逃した。 ちょっと焦った。
2	財布と鍵を失くした。 今日はついてなかった。
3	大好きなケーキが売れていた。 超がっかりした。
4	その映画は全然よくなかった。 実に退屈だった。
5	友達が私のセーターの穴を発見。 とても恥ずかしかった。

❶**miss my train**:(私が乗る)電車に乗り損なう。missは何かをやり損なったときによく使う。Sorry I missed your call.(お電話があったのに不在ですみませんでした)。/ **panic**:パニックになる。panickedはpanicの過去形。

❷**lose...**:〜を失くす。lostはloseの過去形。/ **wallet**:財布。最近はsmartphoneにすべての情報を入れて持ち歩く人も多いのでなくしたら大変だ。/ **bad day**:悪い日(ついてない日)。badの他にterrible/awfulなども使える。

❸**favorite**:お気に入りの。/ **sell out**:売り切る。店先でsold out(売り切れ)のサインを見たことのある人も多いだろう。soldはsellの過去・過去分詞形。/ **be so disappointed**:すごくがっかりする。

disappointed（がっかりした）やembarrassed（恥ずかしい）など、感想を述べるのに便利な形容詞を覚えましょう。It was boring.（それは退屈だった）も要チェックです。

1 I missed my train this morning.

2 I panicked a little.

1 I lost my wallet and keys.

2 It was a bad day.

1 My favorite cake was sold out.

2 I was so disappointed.

1 I didn't like the movie at all.

2 It was so boring.

1 My friend found a hole in my sweater.

2 I was so embarrassed.

4 **not at all**：全然ない。否定の強調を表す副詞句。I didn't enjoy the concert at all.（コンサートはまったくよくなかった）。/ **so boring**：すごく退屈な。boringは形容詞だが、動詞はbore。とても退屈したをget+形容詞で表すとI got so bored.

5 **found a hole in...**：～の中に穴を発見した。服に穴やシミがあるのを誰かに発見されるのは確かに恥ずかしい。/ **be embarrassed**：恥ずかしく思う。I was so embarrassed.は、embarrassing（困った、厄介な）を使ってIt was so embarrassing.とも言い換えられる。

knock

33 今日の忙しかった出来事を2文で！

1 今日は洗濯物が多かった。
すごく疲れた。

2 着替えに5分しかなかった。
メチャクチャ急いだ。

3 今日は客が何度も電話してきた。
ちょっとストレスだった。

4 仕事の後、みなで飲みに行った。
(疲れて)眠りそうになった。

5 目が回るほど忙しい日だった。
超疲れた。

1 laundry：洗濯。do the (one's) laundryで洗濯する。Is the laundry done?（洗濯終わった？）/ **get tired**：すごく疲れる。get+形容詞の例。tiring（疲れさせる）を使ってIt was so tiring.と言い換えることもできる。

2 only:～しか。I only had a few minutes before work.(仕事に行く前に数分しかなかった)。/ **get dressed**:着替える。get+形容詞の例。/ **in such a rush**:すごく急いで。rush hour（ラッシュアワー）。

3 client：クライアント。/ **keep calling**：電話をかけ続ける。何度も電話してくるSタイプのクライアントは結構いるかも？　He/She is so annoying.（迷惑な人だ）と悪口の1つも言いたくなる。/ **stressful**：ストレスの多い。

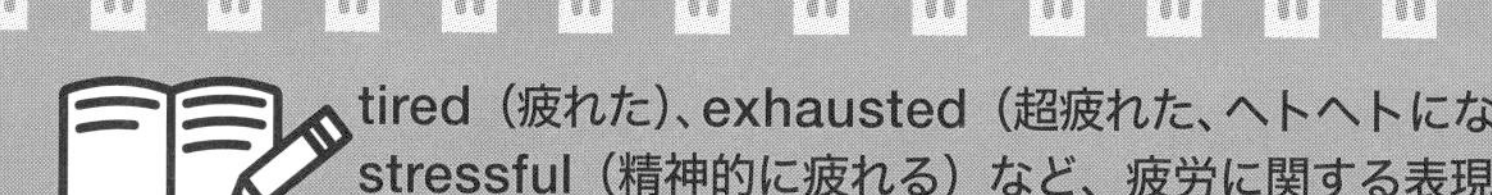

tired（疲れた）、exhausted（超疲れた、ヘトヘトになった）、stressful（精神的に疲れる）など、疲労に関する表現を押さえておきましょう。 33

1 I had a lot of laundry to do today.

2 I got so tired.

1 I only had five minutes to get dressed.

2 I was in such a rush.

1 My client kept calling me today.

2 It was a little stressful.

1 We went to a bar after work.

2 I almost fell asleep.

1 It was such a hectic day!

2 I was exhausted.

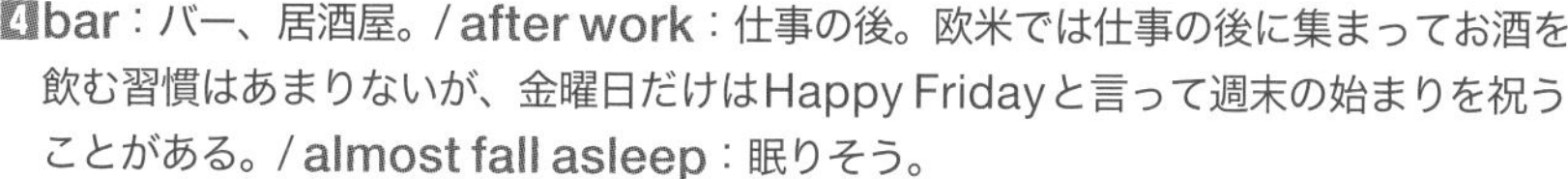

4 **bar**：バー、居酒屋。/ **after work**：仕事の後。欧米では仕事の後に集まってお酒を飲む習慣はあまりないが、金曜日だけはHappy Fridayと言って週末の始まりを祝うことがある。/ **almost fall asleep**：眠りそう。

5 **hectic**：忙しい、せわしない。I had a lot to do today. It was so hectic.（今日はやることがたくさんあった。超忙しかった）。/ **exhausted**：疲れ切った、ヘトヘトになった。getと組み合わせてI get exhausted.（ヘトヘトになる）とも言える。

knock
34 過去の感謝したい出来事を2文で！

1 今朝は弟が起こしてくれた。
弟もたまには頼りになる！

2 お隣さんがゴミ捨てを手伝ってくれた。
ナイスガイだ！

3 同僚がチケットを取ってくれた。
何ていい人なんだ！

4 弟が誕生日にケーキを焼いてくれた。
何て優しいんだ！

5 誕生日にたくさん友達が来てくれた。
ありがたいと思った。

❶**wake me up**：（誰かが）私を起こす。woke upはwake upの過去形。寝過ごすはoversleep。/ **help me out**：（誰かが）私を助ける。help someone outは困った状態から人を助け出すような意味合いがある。

❷**neighbor**：隣人。ご近所はneighborhood。/ **help me with...**：私が～するのを助ける。/ **Nice guy**：ナイスガイ、親切な人。guyはもともと男性だけを指したが、現在はあいさつの1つとしてHi guys!（やあ、みんな！）のように性別に関係なく使われる。

❸**book a ticket**：チケットを予約する。同義語のreserveは主にレストランなどの予約に、bookは飛行機のチケット購入やホテルの予約に使われることが多い。/

How sweet!（何て優しいんだ！）やI was grateful.（ありがたいと思った）といった感謝を表す表現を紹介します。How＋形容詞のような感嘆文も使いこなしてください。

34

1 My brother woke me up this morning.

2 He helps me out sometimes!

1 My neighbor helped me with the garbage.

2 Nice guy!

1 My colleague booked a ticket for me.

2 How nice of him.

1 My brother made me a birthday cake.

2 How sweet!

1 Many friends came to my birthday.

2 I was grateful.

How nice of...：何てよい…。How+形容詞+of 代名詞はよく使われる感嘆表現。How kind of her.（彼女は何て親切な人なんだ）

4 make me...：私に～を作ってくれる。Mom made us pancakes.（ママが私たちにパンケーキを作ってくれた）。/ How sweet!：何て優しいの！

5 come to my birthday：私の誕生日に来てくれる。/ grateful：感謝している。I'm grateful for your support.（みなさんのサポートに感謝しています）

knock **35** 今日の腹立たしかった出来事を2文で！

1	電車の中で寝ぼけた男が寄りかかってきた。 とても腹立たしかった。
2	別の男性には出口で押された。 失礼な！
3	エレベーターで誰かが私の足を踏んづけた。 まさに悪夢だ！
4	客が何時間も文句を言ってきた。 超嫌なヤツだ！
5	セキュリティゲートの男性がかなり無礼だった。 私は怒りで爆発寸前！

❶**sleepy guy**：眠そうな男。/ **lean against...**：～に寄りかかる。The man leaned against the tree.（その男は木に寄りかかっていた）/ **annoying**：迷惑な、うるさい。物理的に音がうるさい場合も人に対して「うっとうしい」と言うときにも使える。

❷**push**:押す。pushの反対はpull(引っ張る)。/ **exit**:出口。反対はentrance(入口)。/ **rude**:失礼な。The shop assistant was so rude.（その店員はすごく失礼だった）

❸**step on...**：～を踏みつける。Excuse me, I think you are stepping on my foot.（失礼ですが、私の足を踏んでいませんか？）/ **foot**：片足。両足はfeet。/

rude（失礼な）やannoying（ムカつく、迷惑な）など、ムッとしたときに使える表現は要チェック！　What a＋名詞やSuch a＋名詞を使って感嘆する文の作り方も覚えましょう。

1 A sleepy guy leaned against me on the train.

2 It was so annoying.

1 Another man pushed me at the exit.

2 How rude!

1 Someone stepped on my feet in the elevator.

2 What a nightmare!

1 Our client complained for hours.

2 Such an unpleasant person!

1 The man at the security gate was so rude.

2 I almost exploded!

nightmare：悪夢。I awoke from a terrible nightmare.（ひどい悪魔から目が覚めた）

4 **complain for hours**：何時間も文句を言う。for hours（何時間も）、for days（何日も）/ **unpleasant person**：不快な人。逆はpleasant person（感じのよい人）

5 **security gate**：セキュリティ（防犯）ゲート。/ **almost explode**：爆発寸前。日本語でも同じ意味で「感情を爆発させる」という言い方をするのが面白い。

knock

36 今日の感動した出来事を2文で！

1 今朝は秋の空気を感じた。
すがすがしい気分だ。

2 同僚のプレゼンが素晴らしかった。
とても感心した。

3 6歳の子のピアノ演奏を聴いた。
彼女にはすごい才能がある。

4 このシュークリームはとても美味しかった。
弟も「これはかなりイケる！」と気に入ったらしい。

5 花嫁姿の友人はとてもキレイだった。
(感動して) 泣きそうになった。

1 **feel the fall season in the air**：秋の気配を感じる。米国では秋はautumnよりfallをよく使う。/ **refreshing**：爽やかな。I felt so refreshed.（すがすがしい気分になった）という言い方もある。

2 **fantastic**：素晴らしい。似たような単語にsplendid、wonderful、amazingなどがある。/ **impressed**：感動した。impressive（感動的）という形容詞もある。It was very impressive.（それはとても感動的だった）

3 **listen (to)**：（音楽などを）聴く。listen (to)はhearと同様に知覚動詞。そのため目的語のa 6-year-old girlの後に原形の動詞が来る。/ **talent**：才能。She is a talented person.（彼女は才能ある人だ）という言い方もある。

ここでは感動した出来事についてつぶやきます。good（よい、美味しい）をはじめ、awesome（素晴らしい）、impressed（感動して）など、称賛する表現を覚えておきましょう。

36

1 This morning I felt the fall season in the air.

2 It was so refreshing.

1 My colleague's presentation was fantastic.

2 I was so impressed.

1 I listened to a 6-year-old girl play the piano.

2 She has such a talent.

1 These cream puffs were so good.

2 My brother thought they were awesome too.

1 My friend looked so beautiful in her wedding dress.

2 I almost cried.

4 **cream puff**：シュークリーム。シュークリームは和製英語。shoe creamは靴磨き用クリームを指すので注意。/ **awesome**：最高、すごくよい。もともと畏敬の念を表す形容詞だが、最近では「(何かが圧倒されるくらい)スゴイ！」という意味で、口語では若者を中心によく使われる。

5 **look so beautiful**：とても美しく見える。be so beautifulと同じ意味で使うことが多い。/ **wedding dress**：ウエディングドレス。/ **almost cry**：泣きそう。

knock **37** 今日の食べたご飯について2文で！

1	朝食にリンゴを２切れ食べた。 サクサクしていた。
2	昨日の食べ残しのパンを食べた。 硬くなっていた。
3	昼にラーメンを食べた。 スープがなかなか美味しかった。
4	カフェでコーヒーを飲んだ。 少しぬるかった。
5	鮭とブロッコリーのソテーを作った。 健康的で栄養たっぷりだ。

1apple slice：リンゴをスライスしたもの。ちなみに米国のリンゴは丸かじりできる小粒なものが多いが、最近では日本産のリンゴも輸入されている。/ **crunchy**：サクサクしている。食感を表す形容詞としては、crispy（パリパリしている）、fresh（新鮮である）などがある。

2leftover bread：残り物のパン。There's a lot of leftovers in the fridge.（冷蔵庫にはたくさん残り物がある）。/ **stale**：（パンが）古い、硬くなった。

3ramen：ラーメン。ramen noodlesとも言う。最近は海外でもほとんどの大都市にラーメン店がある。/ **tasty**：美味しい。他にも何かが美味しい場合、good、deliciousなどの形容詞が使える。

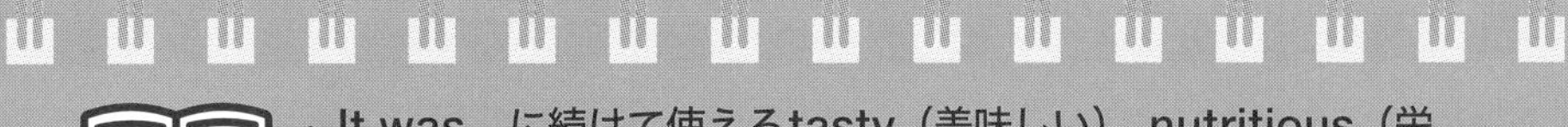

It was...に続けて使えるtasty（美味しい）、nutritious（栄養のある）、crunchy（サクサクの、カリカリの）、stale（新鮮でない）、lukewarm（ぬるい）などの表現を押さえましょう。 37

1 I had two apple slices for breakfast.

2 They were crunchy.

1 I ate leftover bread from yesterday.

2 It was stale.

1 I had ramen for lunch.

2 The soup was very tasty.

1 I had coffee in a cafe.

2 It was a little lukewarm.

1 I made grilled salmon with broccoli.

2 It was healthy and nutritious.

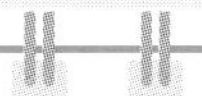

4 cafe：カフェ。米国には日本風の喫茶店は少なく、スタバのような大型カフェが多い。/ **lukewarm**：ぬるい。英語に「猫舌」という言葉はない。あえて言うとしたらI can't eat or drink hot things.（私は熱いものを食べたり飲んだりできない）

5 grill：焼く。「焼く」は他にもroast/broil（肉や魚を焼く）、saute（フライパンで炒める）などがある。/ **nutritious**：栄養がある。nutrients=栄養素。Salmon is rich in nutrients.（鮭は栄養価が高い）

knock

38 今日されたことを2文でつぶやく①

1 今日歯医者へ行った。
もっと歯を磨くよう言われた。

2 何人かの生徒が先生に叱られた。
宿題をしてこなかったからだ。

3 高齢の夫婦が近づいてきた。
我々は席を譲るよう頼まれた。

4 空港でセキュリティを通った。
パスポートを見せるよう指示された。

5 友達の結婚式に出席した。
最初にスピーチをさせてもらえた。

1 **dentist**：歯医者。専門的な言い方は別にあるが、一般的にはeye doctor（眼医者）/ear, nose and throat doctor（耳鼻科の医者）のように言う。/ **brush my teeth**：自分の歯を磨く。toothbrush(歯ブラシ)、toothpaste（歯磨き粉）

2 **be scolded by...**：〜に叱られる。「〜が理由で叱られる」はbe scolded for...と言う。He was scolded for being late for school.（彼は学校に遅れたので叱られた）/ **forget to do...**：〜をするのを忘れる。

3 **elderly couple**：年配の夫婦。old coupleも同じ意味で使われるが、elderlyのほうが丁寧な印象がある。/ **be asked to...**：〜することを頼まれる。しかし、できれば頼まれる前に席を譲りたいものだ。

was/were＋過去分詞の受け身の用法を使って、過去に相手からされたことやしてもらったことについて、つぶやいてみましょう。

38

1 I went to the dentist today.

2 I was told to brush my teeth more.

1 Some students were scolded by the teacher.

2 They forgot to do their homework.

1 An elderly couple approached us.

2 We were asked to give them our seats.

1 We went through security at the airport.

2 We were asked to show our passports.

1 I was at my friend's wedding.

2 I was given the opportunity to speak first.

4 **go through...**：～を通る。We have to go through security before boarding.（搭乗前にセキュリティを通る必要がある）/ **passport**：パスポート。2009年より米国入国前にESTA（電子渡航認識システム）でビザ免除を申請する必要がある。

5 **my friend's wedding**：友人の結婚式。欧米では家族や友人中心の結婚式が多く、上司などが長々とあいさつする習慣はない。/ **be given the opportunity to...**：～する機会を与えられる。

knock

39 今日されたことを2文でつぶやく②

1 弟が髪を切った。
すごくハンサムになった。

2 友達が自転車を盗まれた。
とてもショックを受けていた。

3 上司にそのプロジェクトを任された。
大きな責任を感じた。

4 スピルバーグの最新映画を観た。
ものすごく泣けた。

5 友人は夕食代を払わせてくれなかった。
彼のおごりだった。

1 have his hair cut：髪を切ってもらう。使役のhave+目的語+過去分詞で「〜をしてもらう」の意味になる。/ **handsome**：ハンサム。handsomeは主に顔立ちが整った男性に対して使われるが、キリっとした面立ちの女性に使うこともある。

2 have his bike stolen：彼の自転車が盗まれる。have+目的語+過去分詞で「〜をされる」。ここでのように事件や被害など良くない例に使われることが多い。/ **shocked**：ショックを受けた。It was really shocking.（それはすごくショックなことだった）とも言える。

3 tell me to handle...：私に〜することを任せる。ask someone to...も誰かへの依頼を示すが、tell someone to...は命令や指示の意味合いが強い。/ **feel like...**：〜の気がする。/ **a lot of responsibility**：重大な責任。

「使役」の用法があるhaveやmake、letなどを使って、過去に相手からされたことやしてもらったことについて、つぶやいてみましょう。

1 My brother had his hair cut.

2 He looks very handsome now.

1 My friend had his bike stolen.

2 He was very shocked.

1 My boss told me to handle the project.

2 It felt like a lot of responsibility.

1 I saw Spielberg's most recent movie.

2 It made me cry so much.

1 My friend didn't let me pay for dinner.

2 It was his treat.

4 **Spielberg**：スピルバーグ。『バック・トゥ・ザ・フューチャー』などで知られるスティーブン・スピルバーグ監督のこと。/ **(the) most recent**：最新の。/ **make me cry**：私を泣かせる。make+ someone+動詞で「～に～をさせる」。She made me wait for hours.（彼女は何時間も私を待たせた）

5 **let me pay**：私に払わせる。let+ someone+動詞で「～に～をさせる」。makeは強制的に誰かに何かをさせるとき、letはもっと中立的で、相手に行動の自由を与えながら何かをさせるときに使われることが多い。/ **his treat**：彼のおごり。他にIt's on me.（それは僕が払うよ）、Let's split the bill.（割り勘にしよう）などとも言える。

knock **40** ｜ # 過去に達成したことを2文でつぶやく！

1 私は幼い頃、ピアノを習っていた。
モーツァルトも弾けたくらい！

2 弟が今日試合に出場した。
彼はベストを尽くしたと思う。

3 今日ついに契約を成立させることができた。
（成立まで）かなりの時間がかかった。

4 今日の午後は仕事を頑張った。
5時までにすべてを終わらせることができた。

5 そのテストは難しい問題が多かった。
でもほとんど正解することができた。

1 **practice piano**：ピアノを習う。「ピアノを弾く」はplay the piano. 定期的に楽器を弾く場合は、play the piano/violinのように定冠詞を伴う。/ **I could even...**：私は〜さえできた。couldは可能性を表す助動詞。My father could even speak Latin.（父はラテン語も話せた）

2 **play in a game**：試合でプレーする。野球、サッカー、バスケットボールでは試合をgameと言うのに対し、テニスなどの個人対個人の試合はmatchと言うことが多い。/ **do the best he could**：彼はベストを尽くす。

3 **close the deal**：契約が成立する。実際に契約書にサインして合意を確認する行為はsign a contractと言う。/ **take quite a while**：（契約までに）かなりの時間が

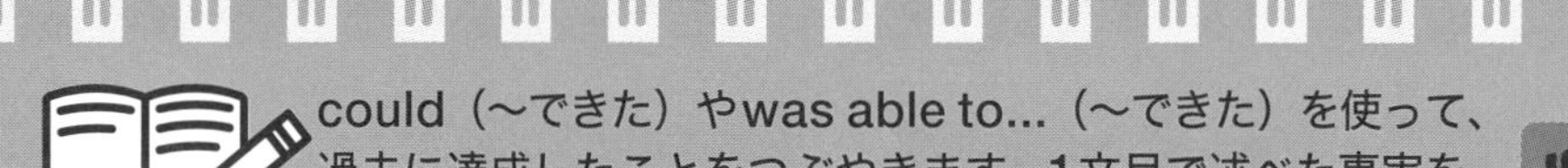

could（～できた）やwas able to...（～できた）を使って、過去に達成したことをつぶやきます。1文目で述べた事実を、2文目でさらに具体的に説明し、展開しましょう。

1 I practiced piano when I was little.

2 I could even play Mozart.

1 My brother played in a game today.

2 I think he did the best he could.

1 We were able to close the deal today.

2 It took quite a while.

1 I worked very hard this afternoon.

2 I was able to finish all my work by 5:00 PM.

1 There were many difficult questions on the test.

2 But I was able to answer most of them.

かかる。

4 work very hard：すごく頑張って仕事をする。日本では長時間仕事をしたことを「頑張った」と見なすことが多いが、海外では時間より効率性（efficiency）を重視する場合が多い。/ be able to finish：終えることができる。口語ではbe able to...（～ができる）はcanとほぼ同じ意味で使われる。

5 question：（試験の）問題。一方、数学などの課題や計算を指すときにはproblemsを用いる。I had to solve difficult problems on the math test.（数学のテストで難しい問題を解かなければならなかった）/ on the test：テストで。前置詞はon。/ be able to answer：解答することができる。/ most of them：（問題）の大部分。

knock
41 先週の出来事を2文でつぶやく！

1	先週、弟は病気だった。 一週間学校を欠席した。
2	先週の火曜日プロジェクト会議があった。 プレゼンがなかなかよくできた。
3	水曜日の午後、雪が降った。 交通機関が大丈夫か、みな心配した。
4	木曜日の昼はピザのデリバリーだった。 なかなか美味しいピザだった。
5	金曜日の夜はデートだった。 美味しいイタリア料理を食べに行った。

1 **was sick last week**：先週は病気だった。last weekは時を表す副詞句なので前置詞は必要ない。/ **all week**：この一週間（一週間ずっとという意味）

2 **project meeting**：プロジェクトの打ち合わせ。/ **last Tuesday**：先週の火曜日。this Tuesday（今週の火曜日）/ **do pretty well on...**：～を大変上手くやる。I did pretty well on my test.（試験がすごくよくできた）

3 **It snows**：雪が降る。Itは時間、距離、天候、温度、明るさ、季節などを表す特別な用法。/ **be worried about...**：～について心配だ。/ **transportation**：交通機関。バスや電車などを指す。

今日の出来事から範囲を広げ、先週の出来事についてつぶやきましょう。1文目で述べた事実について2文目で具体例を挙げたり、感想を加えたりして補足説明している点にも要注目。

41

1 My brother was sick last week.

2 He did not go to school all week.

1 I had a project meeting last Tuesday.

2 I did pretty well on my presentation.

1 It snowed Wednesday afternoon.

2 We were worried about transportation.

1 We had pizza delivered at noon on Thursday.

2 It was pretty good pizza.

1 I had a date Friday night.

2 We went out for a nice Italian dinner.

4 have pizza delivered：ピザを宅配してもらった。have+目的語+過去分詞の使役用法。米国の大都市ではピザだけでなく、多くの人が週末などに宅配専用サービスを利用する。/ **pizza**：ピザ。pizza[píːtsə]の発音に注意。通常は不可算。

5 have a date：デートする。dateの相手は恋人とは限らず、誰かにどこかへ一緒に行ってほしいときBe my date.（一緒にいかない？）と言うことも。/ **go out for...**：～のために出かける。Let's go out for dinner tonight.（今夜一緒に食事でもしよう）

knock

42 最近の出来事を2文でつぶやく!

1 2、3日前、電車に乗り遅れた。
仕事には遅刻した。

2 先日友達とばったり出くわした。
彼女は高校時代の友人だ。

3 そのレストランは2週間前に閉店した。
別の場所に移ったのだ。

4 ちょうど今週末、映画を観に行った。
とてもよい映画だった。

5 少し前に昇給があった。
弟に新しい靴を買ってあげることができた。

1 **a few days ago**:2、3日前、ちょっと前。missed my train:電車に乗りそこなった。The train was delayed.(電車が遅れた)、There was a 20-minute delay.(20分の遅延があった) / **be late for work**:仕事に遅れる。

2 **run into...**:~に出くわす。/ **the other day**:先日。比較的最近だが日にちを特定しないときにthe other dayを使う。/ **an old friend from high school**:高校時代の古い友人。a friend from college/university(大学時代の友人)

3 **close**:閉店する。開店するはopen。/ **two weeks ago**:2週間前。a week ago(1週間前)。/ moved to another location:別の場所へ移転した。The restaurant moved to Shibuya.(そのレストランは渋谷に移転した)

最近起きた出来事についてつぶやきましょう。1文目と2文目で主語と視点を変えて描写するスキルが身につけば、あなたのスピーキング力も一気に前進です。

1 A few days ago, I missed my train.

2 I was late for work.

1 I ran into a friend the other day.

2 She's an old friend from high school.

1 The restaurant closed two weeks ago.

2 It moved to another location.

1 Just this weekend, we went to see a movie.

2 It was really great.

1 I got a raise a while ago.

2 I was able to buy new shoes for my brother.

4 **just this weekend**：ちょうどこの週末。/ **go to see a movie**：映画を観に行く。/ **really great**：すごくよかった。他にもamazing、fantastic、excellentなどの形容詞が使える。

5 **get a raise**：昇給する。/ **a while ago**：少し前、さっき。時間を特定しない「少し前の過去」を指す。He called me a while ago.（ちょっと前に彼から電話があった）。/ **be able to buy...**：～を買うことができる。

Step 2 2文スピーキング ●日記表現

knock

43 以前よくした習慣を2文で回想する！

1

昔はよく弟と遊んだものだ。

今はお互い違うことに興味がある。

2

弟はかつて祖父のお気に入りだった。

最近彼は祖父の家にほとんど行っていない。

3

以前は熱心に K-POP を聞いたものだ。

残念ながら最近は時間がない。

4

友達は私をよくニックネームで呼んでいた。

私のニックネームはちょっと笑ってしまう。

5

弟は以前よくマンガを読んでいた。

今は勉強に集中している。

1 **used to...**：（過去に）～したものだ。過去のある習慣を表す。/ **spend a lot of time**：たくさんの時間を過ごす。/ **different interests**：異なる趣味や興味。

2 **used to be...**：（一定期間）～の状態だった。過去のある状態を指す。/ **grandfather's favorite**：祖父のお気に入り。/ **rarely**：めったに～しない。/ **visit his home**：彼（おじいさん）の家を訪ねる。

3 **avid K-pop listener**：熱心にK-popを聞く人。frequent（しばしば）という形容詞を使って次のようにも言える。I used to be a frequent customer of this restaurant.（私はこのレストランの常連だった）/ **unfortunately**:残念なことに。/ **these days**：最近は。

ここからは回想編。まずはused to...(かつては〜したものだ)を使って、古き良き想い出を昔語りしてください。2文目で、現状との断絶やギャップを対比するのもよいでしょう。

1 I used to spend a lot of time with my brother.

2 Now we have different interests.

1 My brother used to be our grandfather's favorite.

2 Now he rarely visits his home.

1 I used to be an avid K-pop listener.

2 Unfortunately, I'm too busy these days.

1 My friend used to call me by my nickname.

2 I think my nickname is funny.

1 My brother used to read a lot of comic books.

2 Now he concentrates on his studies.

4 by my nickname：私のニックネームで。Let's call each other by our nicknames.（お互いニックネームで呼び合うことにしよう）/ **funny**：おかしい。He makes funny faces to make me laugh.（彼は変顔をして私を笑わせる）

5 comic book：マンガ本。comic booksはmangaでもよい。mangaという日本語は最近世界中に浸透している。/ **concentrate on...**：〜に集中する。/ **study**：勉強。ここでstudiesと複数になっているのは勉強全般、複数の科目や学習活動を指しているから。

knock

44 幼少期の思い出を2文で回想する！

1 子供の頃、私は田舎に住んでいた。
自然が豊かで美しいところだった。

2 私は地元の小学校へ行った。
そこでたくさんの友達ができた。

3 クラスにはいじめっ子が少しいた。
でも、私たちはすぐ仲良くなった。

4 私たちはよくドッジボールをした。
すごく楽しかった。

5 野原でトンボをたくさんとった。
とてもよい時間を過ごした。

1 **spend**：過ごす。spentはspendの過去形。/ **childhood**：子供時代。逆はadulthood（大人時代）。/ **rural**：地方の、田舎の。/ **be full of nature**：自然に恵まれた。

2 **elementary school**：小学校。何年生かはgrade/graderで表す。I was in the same school from 1st grade to 6th grade.（1年生から6年生まで同じ学校だった）。米国では中学校までgrade/graderで数える。中3なら9th grader。/ **make a lot of friends**：友達をたくさん作る。

3 **a few bullies**：（少ない）何人かのいじめっこ。There are always a few bullies in the class.（クラスにたいてい何人かはいじめっ子がいる）。/ **soon become**

過去形やused to...（かつては〜したものだ）などを使って、幼少期の想い出を回想しましょう。ここでは1文目の描写に対して、2文目でさらに補足説明を加えています。

1 I spent my childhood in a rural town.

2 It was beautiful and full of nature.

1 I went to elementary school there.

2 I made a lot of friends.

1 There were a few bullies in our class.

2 But we soon became friends.

1 We used to play dodgeball together.

2 It was so much fun.

1 We caught a lot of dragonflies in the field.

2 We had a really good time.

friends：すぐに友達になる。

4 play dodgeball：ドッジボールをする。dodgeは「〜を素早くよける」という意味がある。鬼ごっこはplay tagと言い、米国の子供たちにも人気だ。Let'play tag!（鬼ごっこしよう！）/ **so much fun**：すごく楽しい。

5 catch：捕まえる。caughtはcatchの過去形。/ **dragonfly**：トンボ。catching insects（虫取り）は世界中どこでも子供たちには人気だ。/ **have a really good time**：とてもよい（楽しい）時間を過ごす。

knock
45 中学時代の思い出を2文で回想する!

1 私は地元の中学校へ通った。
テニス部に所属していた。

2 でもすぐにテニス部をやめた。
激しい練習に耐えられなかったからだ。

3 あの頃、K-POP にかなりハマっていた。
彼らの音楽に合わせてよく踊ったものだ。

4 好きな科目は英語だった。
英語はいつも A を取っていた。

5 英語のスピーチコンテストにも応募した。
幸運にも2等賞を取った!

1 **attend**:(学校などに)通う。/ **local junior high school**:地元の中学校。/ **a member of...**:〜のメンバーである。I'm a member of a local soccer team.(私は地元のサッカーチームの一員です)

2 **quit**:やめる。動詞quitは仕事や習慣などをやめるときに使われる。My father finally quit smoking.(父がとうとう禁煙した)。/ **pretty quickly**:かなり早く。/ **stand...**:〜に耐える。I can't stand listening to this loud music.(このうるさい音楽には耐えられない)。/ **practicing so hard**:ものすごく練習すること。

3 **be really into...**:〜にかなりハマる。I'm into visiting art museums.(美術館巡りにハマっています)。/ **at that time**:あの頃、その当時。/ **dance to it**:そ

過去形やused to...（かつては〜したものだ）を使って、中学時代の想い出を回想します。1文目でざっくり説明した後、2文目でさらに具体的なエピソードを追加しましょう。

1 I attended a local junior high school.

2 I was a member of the tennis club.

1 But I quit the tennis club pretty quickly.

2 I couldn't stand practicing so hard.

1 I was really into K-pop music at that time.

2 I used to dance to it.

1 My favorite subject was English.

2 I always got an A in English.

1 I entered an English speaking contest.

2 I was lucky to win the second prize!

れ（K-POPの音楽）に合わせて踊る。音楽に合わせて何かをするときは、sing to/dance to musicのように前置詞はtoになる。

4 **favorite subject**：好きな科目。math（数学）、science（科学）、social studies（社会）。英語では科学や社会ではなく、より具体的にI like physics/history.（物理 / 歴史が好きです）と答えることが多い。/ **get an A**：（成績で）Aを取る。数学で落第したときは、I failed math.、I got an F in math.などと言う。

5 **enter**：参加する、応募する。/ **be lucky to...**：幸運なことに〜だ。/ **win the second prize**：2等賞を取る。

knock

46 高校時代の思い出を2文で回想する！

1 地元の公立高校へ通った。
大きな男女共学の学校だった。

2 私は英語劇クラブに入った。
『ハムレット』でオフィーリアを演じた。

3 クラスに外国人の交換留学生がいた。
彼女とすぐに仲良くなった。

4 3年生のときは勉強で忙しかった。
入試の準備があったからだ。

5 いくつかの大学に合格した。
私が選んだのは東京の大学だった。

1 public high school：公立高校。米国のpublic high schoolは日本と同じく公立高校を指すが、英国では有償の民間教育機関に当たる。英国の公立高校はstate schoolなどと呼ばれる。/ **coed**：男女共学の。

2 join：～のメンバーとなる。participateが一時的に活動やイベントに参加することを意味するのに対し、joinは特定のグループや組織に加わることを意味する。I joined this company in 2019.（私は2019年にこの会社に入社した）。/ **Ophelia**：劇『ハムレット』の登場人物のひとり、オフィーリア。

3 foreign exchange student：交換留学生。通常は高校在学中に1年弱程度、外国の家庭にホームステイし、地元の学校で学ぶ制度。/ **become friends**：友達になる。

過去形やhad to...（～しなければならなかった）を使って、高校時代の想い出を回想します。2文とも主語が同じでも、2文目は主語や視点を変えて描写しても構いません。

1 I went to a public high school in the area.

2 It was a large coed school.

1 I joined the English drama club.

2 I played Ophelia in *Hamlet*.

1 We had a foreign exchange student in my class.

2 We soon became friends.

1 I studied very hard during my third year.

2 I had to prepare for entrance exams.

1 I was accepted into several universities.

2 The university I chose was in Tokyo.

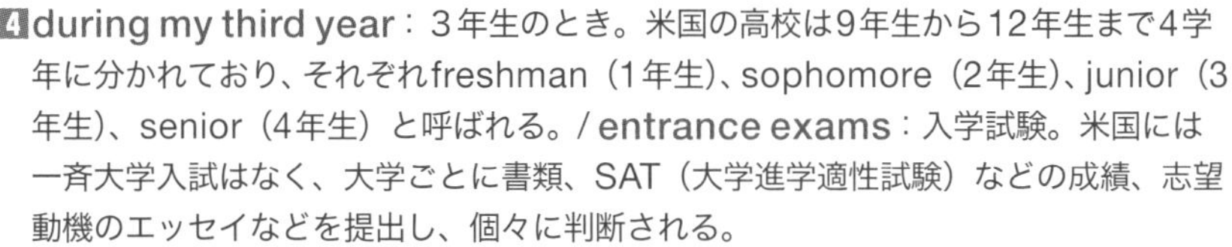

4 **during my third year**：3年生のとき。米国の高校は9年生から12年生まで4学年に分かれており、それぞれfreshman（1年生）、sophomore（2年生）、junior（3年生）、senior（4年生）と呼ばれる。/ **entrance exams**：入学試験。米国には一斉大学入試はなく、大学ごとに書類、SAT（大学進学適性試験）などの成績、志望動機のエッセイなどを提出し、個々に判断される。

5 **be accepted into...**：～に合格する。日本では学部ごとに受験するが、米国では入学後に専攻を決めることが多い。/ **The university I chose**：私が選んだ大学。The university (which/that) I choseから関係代名詞のwhichやthatが抜けた形。口語では特にこのwhichやthatを省略することが多い。choseはchooseの過去形。

knock

47 大学時代の思い出を2文で回想する！

1 地元を離れて東京に引っ越した。
親がアパートを借りてくれた。

2 私は大学で経済学を専攻した。
大企業で働きたかったのだ。

3 英語の先生にディベートの仕方を習った。
私の仕事に役立ったと思う。

4 学園祭でよく調理を担当した。
私のチャーハンは留学生に評判だった。

5 大学生活は楽しかった。
すべての思い出が私にとっては宝だ。

1 **hometown**：地元の市や町。My hometown is Kawagoe, Saitama Prefecture.（私の地元は埼玉県、川越市です）。/ **rent**：借りる。rentはお金を払って何かを借りることを指す。I rented a car for a drive.（ドライブするために車を借りた）

2 **economics**：経済学。他にもpsychology（心理学）、biology（生物学）、political science（政治学）など。/ **work for a big company**：大企業で働く。

3 **teach us...**：～を私たちに教える。taughtはteachの過去形。/ **how to debate**：ディベートのやり方。/ **prove to be useful for...**：～のために有益であるとわかる。The rumor proved to be true.（その噂は本当だと明らかになった）

過去形やused to...（以前は～したものだ）を使って、大学時代の想い出を回想します。現在の視点で今の心境をコメントする際には現在形を用いましょう。

47

1 I left my hometown and moved to Tokyo.

2 My parents rented an apartment for me.

1 I majored in economics at the university.

2 I wanted to work for a big company.

1 My English teacher taught us how to debate.

2 I think it proved to be useful for my job.

1 I used to cook for the campus festivals.

2 The foreign students loved my fried rice.

1 I enjoyed university life.

2 I treasure all of those memories.

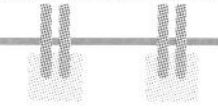

4 campus festival：学園祭。school festivalとも言う。海外では日本のように大学全体でやる行事は少ない。食べ物の屋台は外国人学生に人気だ。/ **fried rice**：チャーハン。fried noodles（焼きそば）、fried chicken（鶏のから揚げ）など。

5 university life：大学生活。enjoy high school life（高校生活を楽しむ）。/ **treasure**：大切にする。treasureは名詞では「宝物」。/ **memory**：想い出、記憶。

knock

48 すでに完了した出来事を2文で①

1 朝のニュースをちょうど見逃した。
洗濯で忙しかったのだ。

2 お弁当を買いに行った。
お気に入りのやつは、すでに売れていた。

3 急に青空になった。
みんなでピクニックをすることにした。

4 仕事の後、その店に立ち寄った。
でも、店はすでに閉店していた。

5 友達と会うためカフェに急いだ。
でも彼女はもうそこにはいなかった。

1 just miss：ちょうど見損う。justは時間的意味のある副詞で「ちょうど〜が起こった」というように直前の過去を表す副詞。have+過去分詞（完了形）の代わりを果たす言い方。/ **be busy with...**：〜で忙しい。I'm busy with my homework.（宿題で忙しい）

2 boxed lunch：お弁当も含め、箱に詰まったランチを指す。米国でも昼休みに近くにやって来るキッチンカーからboxed lunchを買って外で食べる人も多い。/ **already**：すでに。alreadyはすでに行われたアクションや状態についてふれるときの副詞。否定文には使われない。

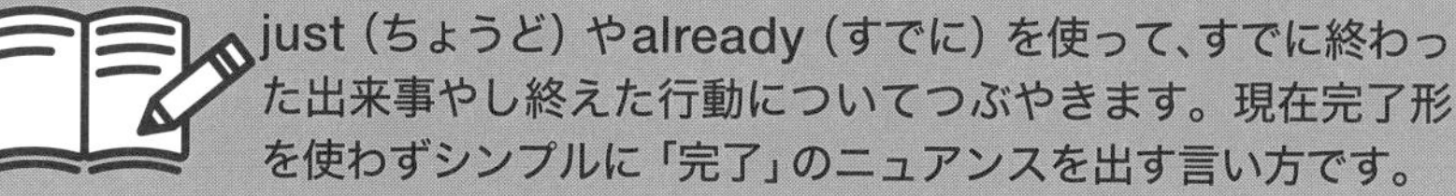

just（ちょうど）やalready（すでに）を使って、すでに終わった出来事やし終えた行動についてつぶやきます。現在完了形を使わずシンプルに「完了」のニュアンスを出す言い方です。

48

1 I just missed the morning news.

2 I was busy with laundry.

Step 2

2文スピーキング●日記表現

1 I went to buy a boxed lunch.

2 My favorite one was already sold out.

1 The sky just cleared up.

2 We decided to have a picnic.

1 I went to the store after work.

2 But it was already closed.

1 I rushed to the cafe to meet my friend.

2 But she was already gone.

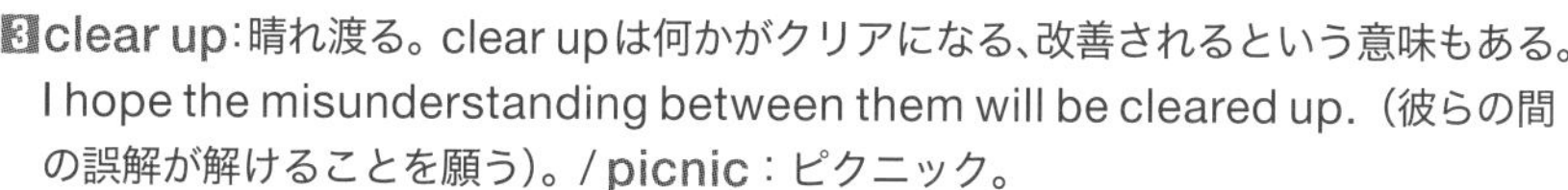

3 **clear up**：晴れ渡る。clear upは何かがクリアになる、改善されるという意味もある。I hope the misunderstanding between them will be cleared up.（彼らの間の誤解が解けることを願う）。/ **picnic**：ピクニック。

4 **after work**：仕事が終わった後。after school：学校が終わった後。/ **be already closed**：すでに閉まっていた。closing time（閉店時間）、opening hours（営業時間）

5 **rush to the cafe**：カフェに急ぐ。/ **meet**：（誰かに）会う。What time should we meet?（何時にお会いしましょうか？）。/ **already gone**：（誰かが）すでにその場所にいない。

knock

49 すでに完了した出来事を2文で②

1 朝食はすでに食べ終わった。
今度は着替えだ。

2 小包みがちょうど届いた。
母が昨日送ったと言っていた。

3 今日はやらなければならないことがたくさん！
あー、でもまだ全部は終わっていない。

4 やっと仕事が終わった！
テレビでも観て、リラックスしよう。

5 この男性、知ってる！
さっき SNS で動画がバズった人だ。

1 have already finished：すでに終えた。have+過去分詞で「完了したこと」を表す現在完了形。遠い過去ではなく直近に起こったことについて述べている。already、justなどの副詞を伴うこともある。/ **get dressed**：服を着替える。

2 package：小包み。/ **have just arrived**：ちょうど届いた（ばかりだ）。副詞のjust（またはalready）を使うときは、通常haveと過去分詞の間に置く。/ **send it**：それを（郵便で）送る。

3 task：(具体的な）仕事。/ **haven't finished them all**：まだ全部を終えていない。過去から続いていることがまだ現時点で終わっていないことを示す現在完了形。

今度はhave＋過去分詞という形の現在完了形を用い、達成済みのことについて英語でつぶやきます。過去から続く一連の出来事の、現在の達成感に焦点を当てる点がポイントです。

1 I have already finished my breakfast.

2 Now I need to get dressed.

1 A package has just arrived.

2 My mother said she sent it yesterday.

1 I have many tasks today.

2 But I haven't finished them all.

1 I've finished my work!

2 Let's relax and watch TV.

1 I know this guy!

2 His video has gone viral on social media.

4 I've finished：もう終わった。ここでは仕事がちょうど今終わったことを指す。arrive、finishという2つの動詞は完了を表す現在完了形でよく使われる。/ **relax and watch TV**：リラックスしてテレビを観る。

5 this guy：この男。guyは前述した通り、manをカジュアルに言い表している。/ **have gone viral**：（SNSなどで）バズった、拡散された。viralは「ウィルスの」という意味の形容詞。ウィルスが伝染する様子と似ているので、このように言うようになった。/ **social media**：SNS、ソーシャルメディア。

knock
50 ある時点より前の出来事を2文で！

1 朝9時に駅に着いた。
電車は出発した後だった。

2 友達が私の机までやって来た。
彼に仕事が終わったかと聞かれた。

3 彼はそのカフェに随分遅れてきた。
私はすでにだいぶ食べ終わっていた。

4 「サンタさんはどこにいるの？」と姪っ子に聞かれた。
もうフィンランドへ帰ったと私は答えた。

5 弟はテレビで野球の試合を見なかった。
彼はまだ宿題を終えてなかったからだ。

1 **get to the station**：駅に着く。get to...（〜へ着く）は、よく使われる言い方なので覚えておこう。/ **had already left**：すでに（電車が）行ってしまった。過去の特定の時点（この場合は駅に着いた時点）より前に起こった出来事を話すときにhad+過去分詞（過去完了）を使う。

2 **to my desk**：私の机まで。/ **if I had finished my work**：私がすでに仕事を終えたかどうか。友人が机までやって来て、このように尋ねる以前に仕事が終わっているかどうかを尋ねているので過去完了形が使われている。

3 **arrive at the cafe**：カフェに着く。arrive at...は「具体的な場所や目的地に着く」、arrive in...なら「国や都市など広い地域に着く」という意味。arrive in LA=ロスア

ここではhad＋過去分詞という形の過去完了形を用いて、過去のある時点よりもさらに前に完了してしまっていた出来事についてつぶやきます。

50

1 I got to the station at 9:00 AM.

2 My train had already left.

1 My friend came to my desk.

2 He asked me if I had finished my work.

1 He arrived at the cafe so late.

2 I had already eaten most of my lunch.

1 My niece asked me, “Where’s Santa Claus?”

2 I said he had already gone back to Finland.

1 My brother didn’t watch baseball on TV.

2 Because he hadn’t finished his homework.

ンゼルスに着く。/ so late：かなり遅く。/ had already eaten：すでに食べ終えていた。/ most of…：～のほとんど。

4 Santa Claus：サンタクロース[sǽntəklɔ̀ːz]。日本語とはアクセントの位置が異なるので注意。/ had already gone back to…：～へとっくに帰っている。

5 watch baseball on TV：テレビで野球観戦する。「テレビで～」はon TV。/ hadn’t finished …：まだ（過去のその時点で）～を終えていなかった。

knock
51 以前から継続中の出来事を2文で①

1 高校時代からこの曲が大好きだった。
すごくロマンチックなんだもの。

2 あの映画は子供の頃からずっと嫌いだった。
だってちょっと怖いんだもの。

3 彼女は古くからの友人だ。
とても頼りになる。

4 友人は2年東京に住んでいる。
彼は東京が大好きなんだって。

5 友達はチェコ語を3年習っている。
彼女が言うには、とても面白い言語だそうだ。

❶**I've loved this song**：ずっとこの歌が好きだ。過去のある時点から現時点まで何かが続く（継続）ことを表す現在完了形。特にlove、like、hate、knowはhave+過去分詞で継続を表す。接続詞since（～以来）を伴うことが多い。/ **romantic**：ロマンチック[roʊmǽntɪk]。発音・アクセントに注意。

❷**I've hated**：ずっと嫌いだった。子供の頃からずっとその映画が嫌い（一度も好きになったことがない）であることを示している。/ **kind of scary**：やや怖そう。kind ofははっきり断言せず、明言を避けるときによく使われる。

❸**I've known...**：ずっと～を知っている、～と友人である。/ **for a long time**：長い間。/ **reliable**：頼りになる。動詞はrely (on)で、～を頼りにする。You are so

ここでは幼少期から続く思い出や数年単位で継続している趣味などについて現在完了形を使ってつぶやきます。途切れず、今も続いている点がポイントです。

1 I've loved this song since I was in high school.
2 It's very romantic.

1 I've hated that movie since I was a kid.
2 Because it's kind of scary.

1 I've known her for a long time.
2 She is a reliable person.

1 My friend has lived in Tokyo for two years.
2 He says he loves the city.

1 My friend has studied Czech for 3 years.
2 She says it's an interesting language.

reliable.と言われたら、かなりの褒め言葉と考えてよい。

4 have lived in...：～にずっと住んでいる。ある一定期間そこに継続して（現在まで）住んでいることを指す。/ **love**：大好きである。

5 have studied：これまで勉強してきた。/ **Czech**：チェコ語。/ **interesting language**：面白い、興味深い言語。

Step 2 2文スピーキング●日記表現

knock

52 以前から継続中の出来事を2文で②

1 朝からずっと洗濯にかかりきりだ。
なかなか終わりそうもない。

2 このジムに通って2、3カ月経つ。
全然体重が減ってない気がする。

3 最近、祖父が体調を崩している。
祖父のことがとても心配だ。

4 私の両親は結婚して 25 年。
お互いを尊敬している。

5 弟は勉強をめちゃくちゃ頑張り過ぎ。
病気にならないといいんだけど。

1 I've been doing...：ずっと～をやっている。have been+動詞ingは過去の行動・状態が現在まで続いていることを表す現在完了進行形。have+過去分詞の現在完了との違いを強いて言えば、動詞のプロセス（ing）に焦点が当たっている印象が強い。/ **since this morning**：今朝からずっと。/ **never end**：まったく終わらない。

2 I've been coming to...：～へ通い続けている。comeとgoの使い分けに注意。どこかから今いる場所へ来る場合はcome（来る）が適切（視点が今いる場所にある）。反対にgoは今いる場所からどこかへ行く。/ **for a few months**：2、3カ月。/ **it seems like...**：～のように思える。/ **haven't lost any weight**：全然体重が減っていない。

引き続き過去から今も続いていることについてつぶやきます。lately（最近）、a few months（数カ月）、25 yearsなど、具体的な期間を提示するのもよいでしょう。

52

1 I've been doing laundry since this morning.

2 It never ends.

1 I've been coming to this gym for a few months.

2 It seems like I haven't lost any weight.

1 My grandfather has been sick lately.

2 I'm worried about him.

1 My parents have been together for 25 years.

2 They respect each other.

1 My brother has been studying like crazy.

2 I hope he doesn't get sick.

3 have been sick：ずっと病気である。have been+形容詞は、ある状態がずっと続いている様子を表す。/ **lately**：最近。/ **worry about...**：～について心配している。We are worried about his condition.（我々は彼の容態を心配している）

4 have been together：一緒にいる。How long have you been together?（どのくらい一緒にいるの？）。恋人やビジネスの関係を指してこの言葉が使われることが多い。/ **respect each other**：互いを尊敬し合っている。

5 have been studying：勉強し続けている。現在完了進行形。頑張っている様子（プロセス）が目に浮かぶような表現になっている。/ **like crazy**：ものすごく。/ **get sick**：病気になる。get+形容詞。

knock

53 過去の経験談を2文でつぶやく！

1 友達はインドに行ったことがある。
彼女はまた行きたいと言っていた。

2 今回のケーキはかつてないほどの出来！
スポンジがフワフワに仕上がった。

3 友達に「この本読んだ?」と聞かれた。
私は「いいえ、まだ」と答えた。

4 この場面、前に見た気がする。
いわゆる「デジャブ」ってやつ？

5 彼について聞いたことがある。
才能あるダンサーだ。

1 **have been to...**：～へ行ったことがある。have been to+場所は、過去に～へ行ったことがある（経験）ことを表す現在完了形。/ **would like to...**：～をしたい、～を願っている。want to...よりも丁寧な表現。

2 **I've ever made**：かつて作った（うちで）。前にも出てきたが、The best...I've ever...(今までの中で一番の～)はよく使うので覚えておこう。/ **sponge**：(ケーキの)スポンジ部分。/ **come out...**：～のようにでき上がる。/ **fluffy**：フワフワしている。

3 **Have you read...?**：今までに～を読んだか？「経験」を表す現在完了形の疑問文。/ **I haven't...**：今までに～をしたことがない。「経験」を表す現在完了形の否定文。

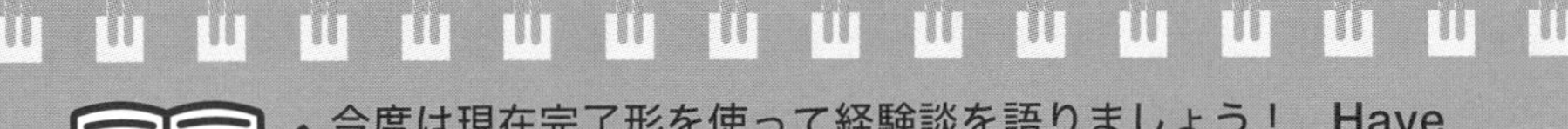

今度は現在完了形を使って経験談を語りましょう！ Have you ever...?（今までに～したことはある？）のような質問は、スモールトークの際の鉄板ネタです。

1 My friend has been to India.

2 She said she would like to go there again.

1 This is the best cake I've ever made!

2 The sponge came out very fluffy.

1 My friend asked, "Have you read this book?"

2 I said, "No, I haven't."

1 I feel like I've experienced this before.

2 Isn't that what we call déjà vu?

1 I've heard about him.

2 He is a talented dancer.

4 **I feel like I've experienced...**：～を経験した気がする。/ **déjà vu**：デジャブ。フランス語。過去に経験したり見たことがあるような気がする不思議な感覚を言う。

5 **I've heard about**：私は～について（何らかの情報を）聞いたことがある。I've heard of him. のように前置詞にofを使うと、彼の名前や存在を知っているという意味になる。/ **talented**：才能のある。

knock

54 未経験のことを2文でつぶやく！

1	オーストラリアには一度も行ったことがない。 現地の自然を見てみたい。
2	これはやったことがないや。 どうやるか教えて！
3	彼の名前は聞いたことがない。 新入社員かな？
4	それは興味深い映画だった。 かつてあんな映画は観たことがない。
5	誰もやったことのないことに挑戦しよう。 勇気を出して！

1 **never been to...**：～へ行ったことがない。「経験」を表す現在完了形の否定文。neverは「決して、まったく～ない」という強い否定を表す。/ **local wilderness**：現地の自然。オーストラリアはコアラや雄大な大自然が観光客に人気だ。

2 **never done this before**：今までこれをやったことがない。/ **teach me how**：私にやり方を教えて。Teach me how to do it.の一部を省略している。

3 **never heard...**：～を聞いたことがない。heardの後に直接目的語が来ているが、I've never heard of him.とも言い換えられる。/ **new recruit**：新入社員。動詞のrecruitは「採用する」。recruiter（人材採用担当者）。

今度はI've never...（私は一度も～したことがない）のような表現を使って、未だ体験したことがないことについてつぶやいてみましょう。

1 I've never been to Australia.

2 I want to see the local wilderness.

1 I've never done this before.

2 Teach me how.

1 I've never heard his name.

2 Is he a new recruit?

1 It was an interesting movie.

2 I've never seen anything like it.

1 Do what no one has ever done before.

2 Be brave!

4 interesting movie：興味深い映画。映画の雰囲気を説明する形容詞には色々ある。funny（おかしい）、touching（感動的な）、heart warming/heartwarming（心が温まるような）、thrilling（スリリングな）など。/ **anything like it**：そのようなもの（ここでは映画）。never seen anything like itはかなり感嘆している様子を表す表現。

5 no one has ever done：誰もやったことがない。This is what no one has ever accomplished.（これは誰もやったことのない偉業だ）。/ **brave**：勇気のある。日本語では「勇気を持て（出せ）」と言うが、英語ではBe brave!（勇敢になれ）とよく言う。

knock

55 過去の苦労について2文でつぶやく！

1 昨夜たくさん雪が降った。
今朝は除雪しなければならなかった。

2 今晩中にレポートを終えなければならなかった。
締め切りは明日だ。

3 今夜は少なめに食べなければならなかった。
明日は人間ドックがある。

4 たくさんの誕生日メッセージを受け取った。
全員に返事を書かねばならなかった。

5 洗濯屋さんからワンピースをとってこなければならなかった。
明日パーティがあるから！

1 It snows：雪が降る。季節や気温を表すときには特別用法のItを立てる。It was snowy.（雪模様だった）、It was sunny.（晴れていた）など。/ **had to...**：〜しなければならなかった。have toは義務や必要性が生じたときによく使う。/ **clear it away**：それを綺麗にする。ここでは除雪するの意味。

2 finish my report：レポートを終わらせる。同じく義務や必要性を表す助動詞mustには過去形がないため、had toを使わなければならない。/ **due**:「締め切りだ」を表す形容詞。This report is due on Friday.（このレポートは金曜日が締め切りだ）。

3 eat less：（普段より）少なく食べる。/ **annual checkup**：毎年の健康診断。ちなみに人間ドックは和製英語で、人間ドックも健康診断も英語では(medical)

had to...（しなければならなかった）を使って、過去にやらざるを得なかった苦労や大変だった出来事についてつぶやきましょう。

55

1 It snowed a lot last night.

2 I had to clear it away this morning.

1 I had to finish my report tonight.

2 It's due tomorrow.

1 I had to eat less tonight.

2 I have an annual checkup tomorrow.

1 I got a lot of birthday messages.

2 I had to answer them all.

1 I had to pick up my dress from the cleaners.

2 There's a party tomorrow.

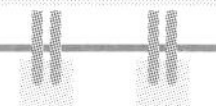

checkupでよい。

4 **birthday messages**：誕生日に送られるお祝いのメッセージ。/ **answer them**：（それらのメッセージに）返事を書く。返事はThank you for the birthday wishes.（誕生日のメッセージをありがとう！）などと書くことができる。

5 **pick up...**：～を取りに行く。子供のお迎えにも使う。I have to pick up my kids at 3:00 PM.（午後3時に子供のお迎えに行かなければならない）。/ **cleaner**：クリーニング屋。/ **party**：パーティ。欧米人はパーティ好き。飲み物、軽い食事はケータリングで、居間や庭に集まって気楽にお喋りするのが好きだ。

knock

56 過去の後悔について2文でつぶやく！

1	今朝は交通渋滞があった。 もう少し早く家を出るべきだった。
2	洗濯物を家の中に干してくればよかった。 午後になって雨が降り出した。
3	歯医者の予約を忘れていた。 メモに書いておけばよかった。
4	ジムで汗をかいた。 着替えを持ってくればよかった。
5	会議中同僚は具合が悪そうだった。 一日くらい休めばよかったのに。

1 **traffic jam**：交通渋滞。I'm stuck in a traffic jam now.（いま渋滞に巻き込まれているんだ）。/ **should have...**：～すべきだった。should have+過去分詞は、過去にしたことを振り返り、～すべきだったと後悔するときに使う。

2 **should have hung**:干すべきだった。hungはhang(つるす)の過去・過去分詞形。Let's hang up the laundry while it's sunny.（天気がよいうちに洗濯物を干そう）/ **it starts raining**：雨が降り出す。「洗濯物を取り込む」＝take in the laundry。

3 **forget**：忘れる。forgotはforgetの過去形。/ **dentist appointment**：歯医者の予約。/ **should have written it down**：書いておくべきだった。現在形はwrite it down（書き留める）

should have...(～すべきだった）を使って、過去の出来事に対する後悔や残念な気持ちについてつぶやきましょう。

56

1 There was a traffic jam this morning.

2 I should have left home earlier.

1 I should have hung the laundry in the house.

2 In the afternoon, it started raining.

1 I forgot my dentist appointment.

2 I should have written it down.

1 I sweated a lot at the gym.

2 I should have brought a change of clothes.

1 My colleague looked sick during the meeting.

2 He should have taken a day off.

4 sweat：汗をかく。sweatは動詞で「汗をかく」。形容詞はsweaty（汗が出る、汗まみれの）。I'm all sweaty.（汗でびしょびしょだ）/ **a change of clothes**：替えの衣服。下着はunderwear。

5 look sick：具合が悪そう。look+形容詞。/ **day off**：平日に取る休み。I'll take a day off tomorrow.（明日は休みをもらおう）

knock
57 過去の推量について2文でつぶやく！

1	上司に対して失礼だったかもしれない。 彼はその後不機嫌そうだった。
2	会社に鍵を置いてきたかもしれない。 いますぐに取りに行かなければ。
3	彼はそのパーティにいたかもしれない。 確信はないけれど。
4	電車に傘を置いてきたに違いない。 あのときはボーっとしていた。
5	電車で眠ってしまったに違いない。 乗り越してしまった。

1 **may have been...**：～だったかもしれない。何かが起こった可能性があるが、話者があまり確信のない場合に使う。/ **rude**：失礼な。/ **seem angry**：不機嫌そう。seem+形容詞。/ **afterwards**：後で。

2 **may have left...**：～を置いてきたかもしれない。/ **at the office**：会社に。/ **get back there**：そこへ戻る。/ **right away**：ただちに。

3 **might have been...**：ひょっとして～だったかもしれない。may have beenと使い方がよく似ているが、mightを使うほうが事実である可能性がより低いと言われている。/ **not sure**：確かではない。I'm not sure he'll show up.（彼が来るかどうか疑わしい）

may have...（～だったかもしれない）やmust have（～したに違いない）を使って、過去の出来事に対する仮定や推量をつぶやいていきましょう。

57

1 I may have been rude to my boss.

2 He seemed angry afterwards.

1 I may have left my keys at the office.

2 I need to get back there right away.

1 He might have been at the party.

2 I'm not sure.

1 I must have left my umbrella on the train.

2 I was absent-minded at the time.

1 I must have slept on the train.

2 I missed my station.

4 must have left...：～を置いてきたに違いない。must haveはmay/might haveに比べ、過去の事実に対してより確信が強いときに使う。/ **on the train**：電車に。/ **absent-minded**：ボーっとしている。stay up late（夜遅くまで起きている）の翌日などにそうなりやすい。/ **at the time**：そのとき。

5 must have slept：寝てしまったに違いない。日本の電車は安全なので寝ている人も多いが、海外で電車中で寝るのはリスクが高い。気が付いたらスマホがなくなっていることも珍しくないので注意が必要。/ **my station**：自分が電車を降りる予定の駅。

knock
58 今週の出来事を2文で振り返る！

1 今週は超暖かかった。
まだ5月というのに……。

2 そろそろクローゼットの衣替えをしなくては。
毎年初夏にこれをやるのは面倒くさい。

3 両親が突然予告なしにやって来た。
家の掃除を手伝ってくれた。

4 上司が私を新しいプロジェクトチームに配属した。
それを聞いて興奮した。

5 結構大変な週だった。
来週までに充電しよう。

1 it's been...：ずっと〜だった。一定期間ある状態が続いていることを表す。/ **warm**：暖かい。/ **still**：まだ。It's still March, but I'm wearing a T-shirt.（まだ3月だが、Tシャツを着ている）。

2 it's time to...：〜する時期だ。ここでは現在の心境を述べているので現在形になっている。/ **change out the clothes**：洋服を入れ替える（衣替えをする）。/ **hate doing**：〜するのは嫌だ。ここでは面倒くさいから嫌いだと言っている。/ **every early summer**：初夏が来るたび。

3 unannounced：予告なしに。似たような言い方にwithout noticeがある。She appeared without notice.（彼女は突然現れた）。/ **help us clean...**：私たちが

ここからは復習編。今までの知識を総動員しましょう。過去の出来事を単純に記録する際は過去形、過去の出来事が今も影響している点を強調する際は現在完了形と使い分けます。

58

1 It's been very warm this week.

2 It's still only May...

1 It's time to change out the clothes in my closet.

2 I hate doing this every early summer.

1 My parents came to visit us unannounced.

2 They helped us clean our house.

1 My boss put me on a new project team.

2 I was excited to hear the news.

1 It's been a tough week.

2 Let's recharge for next week.

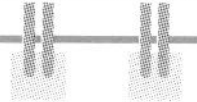

～をキレイにするのを手伝う。help someone (to) do（誰かが～をするのを手伝う）。They helped us cook dinner.（彼らは我々が料理をするのを手伝った）。

4 **boss**：上司。/ **put me on...**：私を～に入れる（配属する）。/ **project team**：プロジェクトチーム。/ **be excited to hear...**：～を聞いて興奮する（すごくうれしい）。

5 **tough**：大変な。toughは精神的なつらさも含むと前述したが、多くの場合、hardとほぼ同じ意味に使われる。/ **recharge**：（体力や気持ちを）充電する。

knock

59 今月の出来事を2文で振り返る！

1 今月は忙しかった。
家でも仕事でもやることばかりだった。

2 今のところ、プロジェクトは順調だ。
チームワークが素晴らしい。

3 マークと初めてデートした。
2人とも映画好きということを発見。

4 友達の結婚式に出席した。
花嫁と花婿はとても幸せそうだった。

5 全体的に、今月は充実していた。
この調子で頑張ろう！

1 **busy**：（仕事や行事等で）忙しい。busy day/month/year。/ **have a lot to...**：～することがたくさんある。I had a lot to say at the meeting.（その会議で言いたいことがたくさんあった）。

2 **go well**：うまく行く。/ **so far**：今のところ。Things are looking good so far.（今のところすべて順調なようだ）。/ excellent at teamwork：チームワークが素晴らしい。They have excellent teamwork!（彼らのチームワークはすごい！）などとも言える。

3 **go on a date**：デートをする。/ **find out...**：～だとわかる。We found out neither of us is a fan of coffee.（2人ともコーヒーが嫌いと判明した）

今月起きた事件を簡潔に1文で描写した後、もう1文で具体的に補足説明するか、一言感想を加えましょう。なお現在の心境や事実を語る際は、現在形を使います。

59

1 It's been a busy month.

2 I had a lot to do both at home and at work.

1 Our project is going well so far.

2 We are excellent at teamwork!

1 Mark and I went on our first date.

2 We found out we both love movies.

1 I was at my friend's wedding.

2 The bride and groom looked so happy.

1 Overall, it's been a fulfilling month.

2 Let's keep it going!

4 **be at...**：～にいる。atは具体的な場所やイベントにいるときに使う前置詞。/ **friend's wedding**：友達の結婚式。wedding ceremony（結婚式）。/ **bride and groom**：花嫁と花婿。欧米では式のあと、花嫁と花婿、そして家族や友人がダンスをすることが多い。

5 **overall**：全体として。/ **fulfilling**：充実した。fulfillingは形容詞だが、動詞はfulfill（達成する）。She fulfilled her dream at last.（とうとう彼女は夢を実現した）/ **keep it going**：これからも（状態・気持ちを）続ける。

knock

60 一年間の出来事を2文で振り返る！

1 就職してから 2 年が過ぎた。
時が過ぎるのって速い……。

2 長期のプロジェクトがついに終わった！
われながらよい仕事をしたと思う。

3 料理がだいぶ上手くなった。
毎晩の料理が楽しみだ。

4 英語がすごく上達したと思う。
外国人との会話で困ることが少なくなった。

5 忙しかったけれど、よい年だった。
来年も素晴らしい年になりますように！

1 have passed since...：～以来（～が）過ぎた。Ten years have passed since we got married.（結婚して10年が過ぎた）/ **How time flies**：何て時が過ぎるのが速いんだろうという意味の感嘆文。「光陰矢の如し」の英語バージョン、Time flies! は日常的によく使われる。

2 long-term project：長期プロジェクト。反対はshort-term project（短期プロジェクト）。/ **finally completed**：ついに完成した。

3 I've gotten better at...：私は～が上手になった。gottenはgetの過去分詞。過去から現在までの間に少しずつ変化した様子を表している。/ **look forward to...**：～を楽しみにする。toの後には名詞か動名詞が来る。原形の動詞を使うと、文法的に

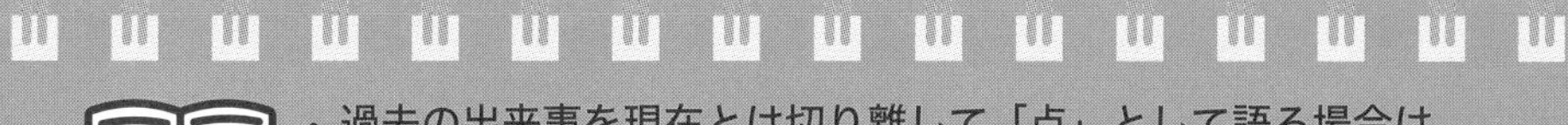

過去の出来事を現在とは切り離して「点」として語る場合は過去形、過去から現在に至るまで影響を及ぼす一連の出来事として語る場合は現在完了形と、使い分けてください。

60

1 Two years have passed since I started working.

2 How time flies...

1 Our long-term project was finally completed!

2 I think I did a good job.

1 I've gotten better at cooking.

2 I look forward to cooking every night.

1 I think my English has improved a lot.

2 I have less trouble communicating with foreigners.

1 It's been a busy but good year.

2 I look forward to another great year!

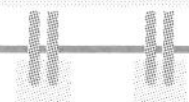

は間違いになる。

4 have improved：上手くなった。ここでは現在完了形を使って過去から現在までのつながりを表し、英語が上達した達成感を強調している。/ have less trouble communicating：コミュニケーションにはほぼ困らない。

5 busy but good year：忙しいけれど、よい一年。/ another great year：（昨年に続き、今年もまた）素晴らしい年。

Review 2

日記表現をつぶやけば、エピソード・トークもバッチリ！

Step 2はここまで。これで60本のノックが終了しました。Step 2では、日記に使えるひとりごと英語を2文でつぶやいてきました。その2文は最初の一文が過去に起きた出来事や状態を表し、次の文がそれに対する感想や詳細の補足というシンプルな形式でした。「今日起きた出来事とその感想が英語で話せる」スキルが身につけば、体験談やエピソード・トークの導入としては上出来です。英語のスピーキングにも自信がついて来たことでしょう。

さてStep 1では現在形に、Step 2では過去形にフォーカスしました。過去形では、過去のある1点（1期間）に注目した出来事や状況を表すことができます。以下にStep 2の本文で登場した例文を見ていきましょう。

- **I had a lot of laundry to do today.**
  （今日は洗濯物が多かった）
- **I was told to brush my teeth more.**
  （もっと歯を磨くよう言われた）
- **I ran into a friend the other day.**
  （先日友達とばったり出くわした）
- **I practiced piano when I was little.**
  （私は幼い頃、ピアノを習っていた）
- **I used to cook for the campus festivals.**
  （学園祭でよく調理を担当した）
- **We went to a bar after work.**
  （仕事の後、みなで飲みに行った）
- **We used to play dodgeball together.**
  （私たちはよくドッジボールをした）
- **My client kept calling me today.**
  （今日は客が何度も電話してきた）
- **My neighbor helped me with the garbage.**
  （お隣さんがゴミ捨てを手伝ってくれた）
- **A sleepy guy leaned against me on the train.**
  （電車の中で寝ぼけた男が寄りかかってきた）

まずはIを主語にして「今日あった出来事」について英語で報告しましょう。それから先日の出来事や幼少期など、少しずつ遠い過去についてもつぶやけるように練習してください。**used to...**（かつては～したものだ）のようなフレーズは、今と比較しながら過去を回想するのに便利な表現です。慣れてきたら、HeやWeなどI以外を主語にして過去の出来事を回想しましょう。**a sleepy guy**（寝ぼけた男）のような表現を主語にしてつぶやけるようになれば、あなたの描写スキルもさらに前進です。

形容詞や感嘆文を使って、一言感想を述べよう！

Step 1では日常の動作を表現する基本動詞や句動詞に焦点を当て、1文でつぶやいてきました。Step 2では英文が2文に増えたため、過去の出来事をつぶやくとともに、その出来事に対する一言感想やリアクションをつけ加える必要性が出てきました。そこで役立つのが、さまざまな感情を示す形容詞や感嘆文です。本文に登場した以下の例文を見てみましょう。

- **I was a little excited!** （ちょっとワクワクした）
- **I was so disappointed.** （超がっかりした）
- **I was so embarrassed.** （とても恥ずかしかった）
- **It was so boring.** （実に退屈だった）
- **It was so annoying.** （とても腹立たしかった）
- **It was so refreshing.** （すがすがしい気分だ）
- **It was stale.** （硬くなっていた）
- **It was a little lukewarm.** （少しぬるかった）
- **What a nice day!** （何ていい日だ！）
- **How rude!** （失礼な！）

excitedは、人を主語にして「ワクワクして、興奮して」という意味を表す形容詞です。一方、**exciting**は物や事柄を主語にして「ワクワクさせる、興奮させる」という意味を表します。つまり上記の**I was a little excited!**（ちょっとワクワクした）は、視点を変えて**It was a little exciting!**（それは少しワクワクさせるものだった）のように言うこともできるのです。

同じことはbored（退屈して）とboring（退屈させる）、annoyed（イライラして）とannoying（イライラさせる）などにも言えます（主語を間違えて例えばI was so annoying.と言うと「私はとてもウザい人間でした」という意味になるので注意しましょう）。以下の表にまとめましたので、これらの表現をセットにして覚えてしまいましょう。

人が主語	物が主語
I was so bored. 私はとても退屈だった。	**It was so boring.** それはとても退屈だった。
I was so excited. 私はとても興奮した。	**It was so exciting.** それはとても興奮させるものだった。
I was so tired. 私はとても疲れた。	**It was so tiring.** それはとても疲れさせるものだった。
I was so disappointed. 私は超がっかりした。	**It was so disappointing.** それは超がっかりさせるものだった。
I was so embarrassed. 私はとても恥ずかしかった。	**It was so embarrassing.** それはとても恥ずかしいものだった。
I was so annoyed. 私はとても腹立たしかった。	**It was so annoying.** それはとても腹立たしいものだった。
I was so refreshed. 私は超スッキリした。	**It was so refreshing.** それは超スッキリさせるものだった。

上記に挙げた-edと-ingの感情を示す形容詞以外にも、Step 2ではsweet（優しい）、stressful（ストレスの多い）、unpleasant（不快な、嫌な）、crunchy（サクサクした）など、さまざまな形容詞が出てきました。ぜひ何度も復習してみてください。

さらにHow＋形容詞やWhat＋名詞から成る感嘆文も、一言感想を述べるのに便利な表現です。これらの言い回しを用いて、自分の心の動きを英語でつぶやく表現力にさらに磨きをかけてください。

現在完了形を使って、小さな自慢話や経験談を語ろう！

Step 2の後半で取り上げたのが、現在と過去をつなげて語るときに使う現在完了形です。単純に過去形を用いる場合は現在とは切り離して語られます。一方、現在完了形を用いることで過去の出来事が今に影響していることを強調することができます。以下の例を見てみましょう。

- **I have already finished my breakfast.**
  （朝食はすでに食べ終わった）
- **A package has just arrived.**
  （小包みがちょうど届いた）
- **I've known her for a long time.**
  （彼女は古くからの友人だ）
- **My friend has studied Czech for 3 years.**
  （友達はチェコ語を３年習っている）
- **I've been doing laundry since this morning.**
  （朝からずっと洗濯にかかりきりだ）
- **I've heard about him.**
  （彼について聞いたことがある）
- **I've never been to Australia.**
  （オーストラリアには一度も行ったことがない）
- **My friend asked, "Have you read this book?"**
  （友達に「この本読んだことある？」と聞かれた）

Step 2では、現在完了形の「完了」「継続」「経験」の用法について取り上げました。「完了」の用法では I've finished my work!（やっと仕事が終わった！）のように、「過去から続いてきたことが現在はもう完了している達成感や臨場感」に力点が置かれます。一方、「継続」の用法では My friend has lived in Tokyo for two years.（友人は２年東京に住んでいる）のように「過去から続いてきたことが現在も続いている持続感」が強調されます。数年来続く趣味や習い事を自慢したり、長年の人間関係についてつぶやく際にぜひ使ってみてください。

3つ目の「経験」の用法では、I feel like I've experienced this before.（この場面、前に見た気がする）のように過去に体験したことが今につながっていることが強調されます。**Have you (ever)...?**（[今までに] ～したことはありますか？）と質問された際はぜひ**I've...**（私は～したことがあります）や**I've never...**（私は今まで～したことがありません）を使って答えてみてください。

その他にもStep 2では、Step 1で出てきた助動詞の発展形として**may have...**（～だったかもしれない）、**should have...**（～すべきだった）、**must have**（～したに違いない）なども取り上げました。過去の出来事に対する後悔や推量をつぶやくこれらのフレーズを使って表現力を磨けば、過去を回想してつぶやく際にも一段と自信が持てることでしょう。

· **I may have left my keys at the office.**
（会社に鍵を置いてきたかもしれない）
· **I should have left home earlier.**
（もう少し早く家を出るべきだった）
· **I must have left my umbrella on the train.**
（電車に傘を置いてきたに違いない）

表現	意味	用法
may have	～したかもしれない、 ～だったかもしれない	ある事柄が過去に起こった可能性を表す。根拠は乏しく推測の域を出ない。
should have	～すべきだった、 ～だったはずだ	過去に期待されていたことが実行されなかったことを表す。または過去の時点での予想を表す。
must have	～に違いない	ある事柄が過去に確実に起こったと、強い確信がある場合に使う。

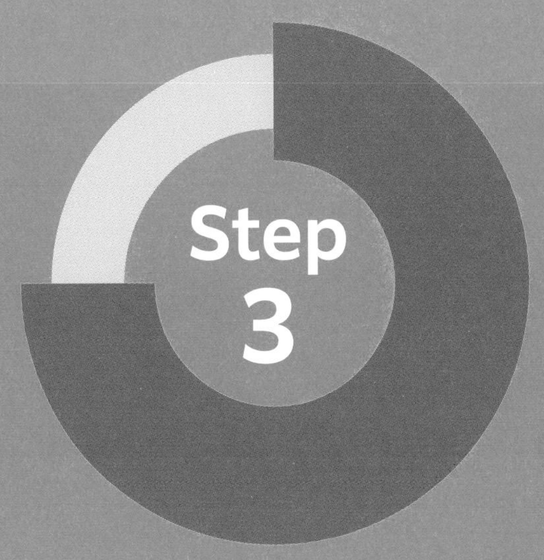

3文スピーキング［SNS表現］

Step 3では、現在進行形や未来形を使って、今目の前で起きているリアルタイムな出来事について実況中継していきます。後半では、仮定法を使った現実離れした妄想や想像のつぶやきにも挑戦します。このStepでの主な目標は下記です。

- □ 現在進行形を使って、目の前のリアルタイムな出来事の実況中継ができる
- □ 未来形を使って、自分の行動計画や将来予想を発表できる
- □ 仮定法を使って、現実離れした自分の妄想や想像をつぶやける
- □ SNSに投降する話題について、3文で論理的に話せる

knock **61**

季節の情景を実況中継する！

1	桜が満開だ。 みんな花見を楽しんでいる。 お酒を飲み過ぎないといいけど。
2	今日はめちゃくちゃ暑い。 体中が溶けそうだ～。 わが家の犬も喘いでいる。
3	わあ、外は雪が降っている！ 道路が雪ですっかり覆われているよ。 でも真っ白ですごくキレイ……。

1 **cherry blossoms**：桜。blossomsは通常複数形。/ **in full bloom**：満開の。fullを使った次のような言い方もある。Spring is in full swing.（春爛漫だ）。/ **be enjoying**：楽しんでいる。be+動詞ingで現在進行形。行動や状態が現在進行中であることを表す。/ **get too drunk**：酔っぱらう。日本人は体質的にアルコールに弱い人が多い。無理に勧められたら、I can't drink much.（酒に弱いんです）と断ろう。

2 **awfully hot**：ものすごく暑い。最近は世界中でglobal warming（地球温暖化）が進んでいる。/ **almost melting**：溶けかかっている。/ **heat**：暑さ。It's unbearable heat.、This heat is crazy.（耐え難い暑さだ）。/ **panting**：ハーハー喘いでいる。I'm walking on a steep slope. Already panting...（いま急な坂を

Step 3では、現在進行形や未来形にも焦点を当てていきます。ここでは現在進行形を使って、ある行動や状態が今も進行中であることを実況中継しています。

1 The cherry blossoms are in full bloom.

2 People are enjoying hanami parties.

3 I hope they don't get too drunk.

1 It's awfully hot today.

2 I'm almost melting in this heat!

3 Our dog is also panting.

1 Wow, it's snowing outside!

2 The streets are completely covered with snow.

3 But it's so white and beautiful…

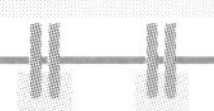

歩いている。すでに息が切れているよ)

3 snow：雪が降る。It's been snowing since yesterday.（昨日からずっと雪が降り続いている）。この例では現在完了進行形を用いて、過去に降り始めた雪が今もやまずに降り続いていることを強調している。/ completely covered with...：〜ですっかり覆われている。/ so white and beautiful：真っ白でキレイ。

knock

62 食レポやスポーツ観戦を実況中継！

1

今、宇都宮餃子を食べてます！

軽くてヘルシー。

多分日本で一番美味しいと思う。

2

今日は、有名なラーメン店にいます。

弟は今、激辛ラーメンに挑戦中！

私は辛い食べ物が苦手だけどね……。

3

今、メジャーリーグの野球中継を観てるよ。

大谷が今またホームランを打った。

今日も彼がヒーローだったね！

1 I'm eating...now!：今〜を食べているところだ。SNSで中継するときには便利なフレーズ。/ **light and healthy**：軽くて健康的な。It's easy on my stomach.（それは胃に優しい）。逆はheavy。脂っこいはoilyとも言う。This dish is too oily for me.（この料理は私には脂っこ過ぎる）。/ **probably the best**：多分一番（美味しい）。

2 in a famous ramen restaurant：一番美味しいラーメン屋さんの中で。場所を表す前置詞にはatとinがあるが、inを使うと話者がすでに店内にいて、食べ物や雰囲気を味わっている様子が伝わる。/ **trying**：（食べ物などに）挑戦している。洋服の試着同様、食べ物を「試す」にchallenge（困難・試練に挑戦するという意味）という動詞は使わないので注意。/ **super spicy**：激辛の。/ **don't like spicy**

目の前でまさに起きていることをライブ感をもって描写できる現在進行形は、今、食べているものやスポーツ観戦に関するSNS投稿とも相性抜群です。

1 I'm eating Utsunomiya gyoza now!

2 It's light and healthy!

3 It's probably the best gyoza in Japan.

1 We are in a famous ramen restaurant today.

2 My brother is trying a super spicy ramen now.

3 I don't like spicy food though...

1 I'm watching an MLB game now.

2 Ohtani has hit another home run.

3 He stole the show again!

food：辛い食べ物は苦手だ。I'm not a fan of spicy food./I can't handle spicy food.という言い方もある。

3 **be watching**：観ているところだ。動いているものを観るときはsee/lookではなくwatchを使う。/ **MLB**：野球のメジャーリーグ（Major League Baseballの略）。近ごろは日本人選手の活躍が目覚ましい。/ **hit**：打つ。/ **home run**：ホームラン。He hit a double in baseball.（彼は二塁打を打った）。/ **steal the show**：人気を独り占めにする。stoleはstealの過去形。She stole the show on stage.（彼女はステージで一人だけ目立っていた）。

knock

63 旅行の様子を実況中継する！

1

今、弟と台北にいます！

街の中心を歩いているところ。

あちこちに茶店があります。

2

京都祇園の辺りを通っています。

道は日本人と外国人の観光客でいっぱい。

着物を着た外国人もたくさんいる！

3

同僚たちと鎌倉に来ています。

今、彼らは大仏をまじまじ見ているところ。

こんな大きな像は今まで見たことないんだって。

1 **in Taipei**：台北にいる。国や都市、広い地域にいるときの前置詞はin、特定の場所にいるときはatを使う。I'm at Haneda Airport in Japan.（私は日本の羽田空港にいます）。/ **be walking through...**：～の中を歩いているところだ。/ **central part**：中心部。/ **tea houses**：茶店。台湾や中国の人々はよくお茶を飲む。街のあちらこちらにお茶専門の店がある。

2 **be passing through...**：～を通っているところだ。/ **Gion area**：祇園の辺り。/ **be full of...**：～でいっぱい。/ **overseas tourists**：外国人旅行客。東京の浅草、京都の祇園辺りはいつも大勢の観光客で賑わっている。/ **foreigners wearing kimonos**：着物を着ている外国人。観光地で着物を着ているのは最近はほとんど外国人のようだ。

今度は旅行中の実況中継。今自分がどこにいて何をしているかをつぶやいたら、今度はWe see...（～が見える、～がある）などを使って見たこと、聞いたことを詳細に描写しましょう。

1 I'm in Taipei with my brother now!

2 We are walking through the central part of the city.

3 We see tea houses here and there.

1 We are passing through the Gion area of Kyoto.

2 The street is full of Japanese and overseas tourists.

3 We see many foreigners wearing kimonos!

1 I'm in Kamakura with my colleagues.

2 They are looking closely at the Daibutsu statue now.

3 They said they'd never seen such a huge statue before.

3 **in Kamakura**：鎌倉に。Kamakura is one of my favorite cities.（鎌倉はお気に入りの都市の１つだ）。/ **be looking closely at...**：～をまじまじと（間近で、じっと）見ているところだ。/ **Daibutsu statue**：大仏。Buddhist statue（仏像）。/ **they'd never seen**：(彼らが)今までに見たことがない。過去形の間接話法。直接話法に直すと、They said, "We've never seen such a..."となる。/ **such a huge statue**：かなり大きな像。

knock

64 今後の予定についてつぶやく①

1

今日は、これから映画を観に行く予定。

何を観るかはまだ決めていない。

今、どんなやつが上映中かな？

2

今晩、何をしようかな？

まずは宿題をやって……。

それからゲームをして……。

3

あの黒い靴を買おうと思ってたんだけど……。

やっぱり気が変わった。

今は、白い靴が欲しい。

1 **be going to...**：～する予定である。willが「これから～をする」という即座の決定や意志を表すのに対し、be going toは予定している計画や未来について述べることが多い。/ **haven't decided**：まだ決定していない。/ **which one to see**：どれを見るか。/ **Let's see...**：～かどうか見てみよう。Let's see how it goes.（どうなるか見てみよう）。/ **what's playing**：現在上映中のもの（映画など）。

2 **What should I do...?**：何をすべきか？　困ったことが起きたときにもWhat should I do?（どうしたらいいの？）と言うことがある。/ **do my homework**：宿題をする。/ **play games**：ゲームをする。夜の過ごし方としてはwatch TV（テレビを見る）、listen to music（音楽を聞く）、read books（本を読む）など色々あるが、あなたは何をする？

ここからは未来形を扱います。ここではbe going to...（～する予定だ）を使って、予め心づもりが決まっていた今後の計画や予定についてつぶやいています。

64

1 We are going to see a movie today.

2 We haven't decided which one to see.

3 Let's see what's playing now.

1 What should I do tonight?

2 I'm going to do my homework.

3 Then I'm going to play games...

1 I was going to buy those black shoes.

2 But I changed my mind.

3 Now I want to buy white ones.

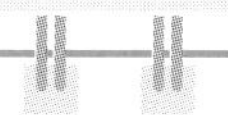

3 was going to...：～をする予定だった。be going toはbeをwasに変えることで過去形を作ることができる。/ **change my mind**：自分の気が変わる。/ **white ones**：白いやつ（ここでは靴）。英語では同じ名詞のくり返しを嫌い、one(s)で置き換えることが多い。Which sweater do you want? A red one or a blue one?（どちらのセーターが欲しい？ 赤いやつ？ それとも青いやつ？）

knock

65 今後の予定についてつぶやく②

1

会議が来週金曜日に予定されている。

忘れちゃうかも……。

スマホに予定を入れておこう。

2

歯医者の予約を完全に忘れてた。

午後4時の予定だったのに。

どうしよう～。

3

フライトが急にキャンセルになった。

一体どうしたらいいんだろう……。

とにかく別便を予約しなければ。

1 be scheduled for...：（イベントなどが）～に予定されている。The concert is scheduled for next Saturday.（次の土曜日にコンサートが予定されている）。/ **I might forget**：忘れるかもしれない。mightは可能性や推測を表す助動詞。/ **I'll**：=I will。willは「～しよう」という主体的な意志を表す助動詞。/ **put it in...**：～に（情報を）入れておく。write down a note（メモする）という言い方もある。紙でもデジタルな媒体でもこの言い方が使える。

2 totally forget about...：～をすっかり忘れる。totallyは「すっかり、まったく」を意味する副詞。/ **be supposed to...**：～するはずである。(be) supposed toは「義務や責任、予定、慣習」などを表すときに使う。You are not supposed to talk loudly in the library.（図書館では大声で話さないほうがよい）/ **Oh, my...**：

ここではbe scheduled for（～に予定されている）やbe supposed to（～するはず、～することになっている）を使って、今後予期される予定についてつぶやきます。

1 The meeting is scheduled for next Friday.

2 I might forget...

3 I'll put it in my smartphone.

1 I totally forgot about my dentist appointment.

2 I was supposed to be there at 4:00 PM.

3 Oh, my...

1 The flight has been canceled.

2 What am I supposed to do...?

3 Well, I guess I have to book another flight.

ああ、どうしよう。驚きや困惑の気持ちを表す。

3 **flight**：飛行機。/ **cancel**：キャンセルする。遅延（する）はdelay。The flight was delayed due to the typhoon.（台風のせいでフライトが遅れた）/ **What am I supposed to...?**：～をしたらよいのだろうか。困りごとの解決策を考えるときにひとりごとのようにつぶやくことが多い。/ **book another flight**：別の便を予約する。

knock

66 今後の予定についてつぶやく③

1

あと１時間で札幌へ発つ。

あちらでは重要なお客さんと会う予定。

ちょっと緊張している……。

2

来週、祖父母のためにパーティをする。

彼らの結婚 35 年記念なんだ。

2人におめでとう！！

3

ちょうど家を出ようとしたところだったが……。

そのとき、電話が鳴った。

父からだった。

1 **I'm leaving for...**：〜へ出発する予定だ。/ **in an hour**：1時間以内に。in two hours（2時間以内に）。/ **I'm meeting...**：〜と会う予定だ。現在進行形は近い未来を表すことがある。I'm playing golf next week.の場合、今ではなく来週という近い未来にゴルフをするという意味になる。/ **nervous**:不安な、緊張した気分である。Don't be nervous. You'll be fine.（緊張しないで。大丈夫だよ）

2 **be having a party**：（近く）パーティをする予定だ。文の最後にnext weekがあることで、近い未来を表しているのがわかる。/ **35th anniversary**：35周年記念（結婚して35年目のお祝い）。ちなみに結婚35周年は珊瑚婚式とも呼ばれる。珊瑚はcoral。/ **both of them**：（この文脈では）祖父母（grandparents）

ここでは現在進行形やbe just about to...（ちょうど～するところだ）を使って近い未来の予定をつぶやきます。現在進行形は、未来の時点で行動が進行中であることを強調します。

1 I'm leaving for Sapporo in an hour.

2 I'm meeting my important client there.

3 I'm a little nervous...

1 We are having a party for our grandparents next week.

2 It's their 35th anniversary.

3 Congratulations to both of them!

1 I was just about to leave my house.

2 But then the phone rang.

3 It was my father.

3 **be just about to...**：ちょうど～するところである。今にも～しそうだという、かなり近い未来を表している。/ **ring**：（電話が）鳴る。rangはringの過去形。Your phone is ringing.（君の電話鳴ってるよ）、It was my mother.（その電話は母からだった）

knock
67 自分の意志を表明する①

1

わが家の犬が5匹の子犬を産んだ。

みんな超可愛い。

あとで写真をアップするね！

2

夕飯を食べに友達の家に行くところです。

途中で何かデザートを買わなきゃ。

そうだ、彼女にチョコレートケーキを買っていこう！

3

友達がウエディングドレスの写真を送ってくれた。

彼女は今週末にそれを着る予定。

きっとすごく似合うだろうな。

1 **give birth to...**：〜を出産する。この表現は人間にも動物にも使える。My cousin just gave birth to her second child.（従姉がちょうど2人目の子供を出産した）。/ **puppy**：子犬。複数形はpuppies。/ **so cute**：とても可愛い。/ **I'll...**：これから〜をする（I will...の短縮形)。willは本人の意志や決意を表す未来形の助動詞。/ **post their photos**：（子犬たちの）写真を投稿する。

2 **be going to...**：〜へ行くところだ。近い未来、またはある行動の進行状態を表す。/ **for dinner**：夕飯のために。/ **buy some dessert**：デザートを買う。/ **on the way**：（〜へ行く）途中で。/ **some chocolate cake**：チョコレートケーキ。cakeは可算･不可算両方の形がある。お店にさまざまな種類のケーキが並んでいたら、They have different kinds of cakes.と言える。

ここではwill（～しよう、～だろう）を使ってその場で決めた予定や確固たる意志、未来に対する推測をつぶやきます。willを使うことで意志や予測をより強調することができます。

1 Our dog just gave birth to five puppies.

2 They are so cute.

3 I'll post their photos later!

1 I'm going to my friend's house for dinner.

2 I should buy some dessert on the way.

3 OK, I'll buy some chocolate cake for her!

1 My friend sent me a picture of her wedding dress.

2 She's going to wear it this weekend.

3 I'm sure she'll look great in it.

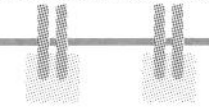

3 send me a picture of：私に～の写真を送る。動詞＋間接目的語（代名詞）＋直接目的語(名詞句)の形を取っている。send/giveはこのような構造になることが多い。My father gave me an interesting gift.（父が私に面白いプレゼントをくれた）。/ **be going to wear...**：～を着る予定である。/ **this weekend**：今週末。/ **I'm sure...**：きっと～だろう。/ **look great in it**：（ドレスが）すごく似合う。You'll look great in this suit.（このスーツ、あなたにすごく似合うと思う）。

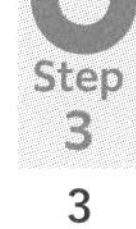

knock 68

自分の意志を表明する②

1

弟が私へのプレゼントを誕生日まで開けるなと言った。

「もちろん開けないよ」と私は答えた。

でも中身が何なのか、超興味がある！

2

同僚の一人がすごく不注意なんだ。

最近、彼が重大なミスをやらかした。

彼は「すみません、二度とミスをしません！」と我々に謝った。

3

あの店の店員は私にすごく失礼だった。

もう二度とあの店では何も買わない。

絶対に！！

1 **tell me not to...**：～しないようにと私に言う。/ **until my birthday**：私の誕生日までは。by（～までに）とuntil/till（～までは）を混同しないように注意。/ **I won't**：私は～しない。wont'はwillの否定形。「～する気はない」という強い否定の意志を表す。ここでは誕生日まで絶対にプレゼントを開けないと話者が言っている。/ **curious**:（何かに対して）興味や好奇心がある。/ **what's inside**:中にあるもの。

2 **so careless**:不注意、おっちょこちょいな。ちなみにドジでよくヘマをする人をディズニーのグーフィに例えてHe's goofy.と言うことも。/ **serious mistake**：重大な間違い。/ **apologize**：謝罪する。It won't happen again.は直訳すると「それは二度と起こらない」だが、何かに失敗した人が「もう二度とそんなことはしません！」という謝罪の意味でよく使う。

ここではwon't（～しないだろう、～する意志がない）やI'll never...（私は決して～しない）を使って、確固たる意志表明をします。

68

1 My brother told me not to open his present until my birthday.

2 I said, "Of course, I won't."

3 But I'm very curious to see what's inside.

1 One of my colleagues is so careless.

2 Recently, he made a serious mistake.

3 He apologized, saying it won't happen again.

1 The clerk in that store was so rude to me.

2 I'll never buy anything from there again.

3 Never again!

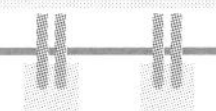

3 **clerk**：店の従業員。/ **rude**：（態度などが）失礼な。/ **I'll never...**：二度と～しない（I will neverの略）。I won't...以上に強い否定の未来表現。/ **from there**：その店から。/ **Never again!**：絶対に（次はない）！ その前の内容（その店では二度と何も買わない）を受けて強調している。

knock **69**

今後の未来予測についてつぶやく！

1

天気予報によると、今日は一日雨らしい。

ピクニックは中止しなくてはならないだろう。

みんなに伝えなくては！

2

スタジオジブリの映画がちょうど公開された。

来週末までやっているらしい。

絶対観に行かなくては！

3

有名な指揮者の小澤征爾氏が亡くなった。

彼は世界的に有名だ。

彼の死は本当に惜しまれるだろう。

1 **weather forecast**：天気予報。/ **will be raining**：降り続けるだろう。will be...ingは未来進行形。/ **I guess...**：多分〜と思う。cancel our picnic：ピクニックをキャンセルする。「延期する」はpostpone/put off/reschedule。This Saturday will be rainy. Let's postpone it to another weekend.（今度の土曜日は雨だって。他の週末に延期しよう）/ **tell everyone**：みなに伝える。

2 **Studio Ghibli's**：スタジオジブリの。スタジオジブリの作品は世界中で愛されている。/ **has been released**：公開されたばかりだ。release（公開する）。/ **will be playing until...**：〜までずっと上映している。この文脈でのplayは何かを上演するという意味。/ **make sure I go see...**：必ず〜を見に行く。go see somethingはgo to see somethingのカジュアルな言い方。

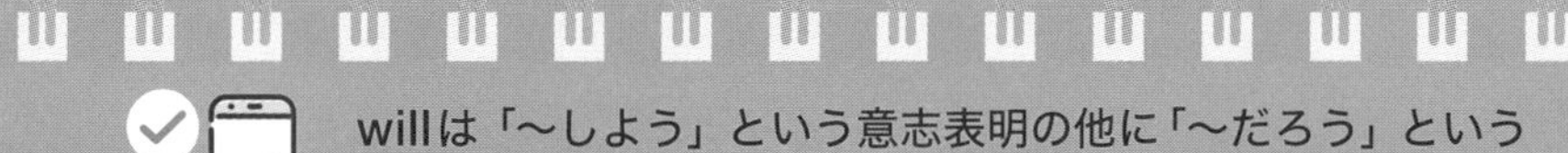

willは「〜しよう」という意志表明の他に「〜だろう」という漠然とした未来予測にも使えます。ここでI will...以外の使い方も身につければ、さらに描写力アップです。

1 The weather forecast says it will be raining all day.

2 I guess we'll have to cancel our picnic.

3 I have to tell everyone.

1 Studio Ghibli's new movie has just been released.

2 It will be playing until the end of next week.

3 I have to make sure I go see it!

1 Famous conductor Seiji Ozawa has passed away.

2 He's famous all around the world.

3 He'll be missed so much.

3 **famous conductor**：著名な指揮者。/ **pass away**：死去する。/ **all around the world**：世界中で。/ **He'll be missed**：彼は惜しまれるだろう。will be+過去分詞は「〜されるだろう」という未来形の受け身。ここでのbe missedは亡くなった人、または遠くへ行った人を惜しむときによく使われる。The group broke up. They will be missed all over the world.（そのグループは解散した。世界中で惜しまれるだろう）。

knock

70 疑問文を交えて実況中継する①

1

空は雲が増えてきた。

いつ頃降り出すのだろう？

念のため、傘を持っていこう。

2

同僚が私の誕生日はいつかと聞いてきた。

私にプレゼントをくれるのかしら？

だったらうれしいな。

3

友人が今、釜山を訪れている。

彼女がいつ日本に戻るかだって？

多分来週だろう。

1 **There are more clouds**：雲が増えている。雲は可算名詞。There is not a cloud in the sky.（雲１つない晴れ空だ）。/ **When**：いつ。時を尋ねる疑問詞。When is your birthday?（君の誕生日はいつ？）。またWhen will it...のwillは「〜だろう」という未来予測を表す。/ **start raining**：雨が降り出す。startのあとのrainingは現在分詞。/ **bring**：持っていく。/ **just in case**：念のため。Do you use LINE? Let's exchange contacts just in case.（ラインやってる？　念のため連絡先交換しようよ）。

2 **ask me when...**：（それが）いつか、私に尋ねる。誕生日は過去の行動ではないため、when以下に直接疑問文の時制（過去形）がそのまま使われている。whenのあとは主語・述語の順番になることに注意。/ **Will he...?**：彼は〜するつもりだろうか？

「〜だろう」という未来予測を表すwillは疑問文にも使えます。また、ここでの3文はいずれも①話題の提示→②心境の描写→③詳細や予想の補足という構成になっています。

1 There are more clouds in the sky.

2 When will it start raining?

3 I'll bring an umbrella just in case.

1 My colleague just asked me when my birthday is.

2 Will he give me a present?

3 I hope he does.

1 My friend is currently visiting Busan.

2 When will she return to Japan?

3 Probably next week.

前述した通り、willは話者の意志や決定を表す。/ **hope he does**：彼が〜することを希望する。doesの目的語はit（give me a present）だが、省略されている。

3 **currently**：現在。He is currently studying at university.（彼は現在大学で勉強しています）。/ **Busan**：釜山（プサン）。韓国最大の港町として有名。/ **return to...**：〜へ戻る。/ **probably**：恐らく。

knock 71 疑問文を交えて実況中継する②

1

友人が 1カ月で5キロもやせたらしい。

「どうやって成功したの？」と彼女に聞いた。

「それは秘密」と彼女は言った。

2

今朝、隣人が飼い犬を歩かせていた。

巨大なゴールデンレトリバーだ。

体重はどのくらいなんだろう？

3

友達はかつてイギリスに住んでいた。

「どのくらい住んでいたの？」と私は尋ねた。

「6 年くらい」と彼は答えた。

1 lose 5 kilos：5キロやせる。lostはloseの過去形。太るはgain/put onを使う。I gained 3 kilos in just one week.（一週間で3キロも太ってしまった）。/ **ask her how...**：彼女にどのように〜したかを聞く。howは方法・手段、状態・状況、程度・量などさまざまなことを尋ねられる疑問詞だが、ここでは方法や手段を尋ねている。itは1か月で5キロやせたことを指している。/ **it's a secret**：それは秘密だ。

2 be out walking his dog：犬の散歩に出る。「犬を散歩させる」はwalk one's dogと言う。/ **huge**：大きい、巨大な。/ **golden retriever**：ゴールデンレトリバー（大型犬の一種）。/ **how much**：どのくらい。ここのhow muchは程度や量（ここでは体重）を尋ねる疑問詞として使われている。/ **weigh**：重さがある。How much does this package weigh?（この小包みの重さはどのくらいですか？）

how（どうやって）やhow much...（どのくらい〜）、how long...（どのくらい長く〜）を使った表現を交えてつぶやきます。時系列に沿った淡々とした実況中継にも要注目！

1 My friend said she lost 5 kilos in one month.

2 I asked her how she did it.

3 She said it's a secret.

1 This morning, my neighbor was out walking his dog.

2 It's a huge golden retriever.

3 I wonder how much he weighs.

1 My friend used to live in the UK.

2 I asked him how long he lived there.

3 He said about six years.

3 **used to live**：かつて生活していた。/ **UK**：イギリス。United Kingdomを略してUK。/ **how long**：どのくらい長く。程度・量の疑問詞（ここでは生活した期間＝長さを尋ねている）/ **about six years**：約6年間。

knock
72 疑問文を交えて実況中継する③

1

赤ちゃんがバギーの中で大泣きしている。

なんで泣いているのだろう？

お腹が空いているのかな。

2

友人はインスタをやっている。

どうしてあんなにフォロワーが多いんだろう？

多分彼女が投稿する写真がすごくキレイだから。

3

このコメンテーターは米国の大統領を批判している。

なぜそう言うかだって？

彼によると、大統領は優柔不断なんだそうだ。

1 **stroller**：ベビーカー。ベビーカーは和製英語。英国ではpramと言うらしいが、米国ではstrollerと言う。/ **Why is she...**：なぜ彼女は～している？　Whyは理由を尋ねる疑問詞。Why are you laughing?（なんで笑ってるの？）。/ **probably hungry**：多分お腹が空いている。ちなみに「赤ちゃんに授乳する」はfeed one's baby、「おむつを換える」はchange one's diaperと言う。

2 **be on Instagram**：インスタをやっている。SNSをやっているときはbe on...という言い方をする。Are you on Facebook?（フェイスブックやってますか？）/ **follower**：フォロワー。My Instagram followers have reached 100.（インスタのフォロワーが100人に達した）。/ **photos she posts**：彼女がアップしている写真。SNSなどで文や写真を載せることをpostと言う。

Why...?（なぜ～？）は行動や状況の理由を尋ねるのに便利な表現です。また①話題の提示→②心境の描写→③詳細の補足という構成を意識すると描写もスムーズになるはずです。

1 A baby in a stroller is crying a lot.

2 Why is she crying?

3 She is probably hungry.

1 My friend is on Instagram.

2 Why does she have so many followers?

3 Probably because the photos she posts are so pretty.

1 This commentator is critical of the US president.

2 Do you want to know why?

3 He says the president is indecisive.

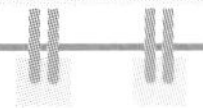

3 **commentator**：コメンテーター。解説者。/ **be critical of...**：～に批判的な。/ **US president**：米国の大統領。/ **want to know why**：なぜか知りたい。I want to know why he is so aggressive.（なんで彼がそう攻撃的なのか知りたい）。/ **indecisive**：優柔不断な。反対はdecisive。He's a decisive person.（彼は決断力のある人だ）。

knock

73 疑問文を交えて実況中継する④

1

電車が突然止まった。

車内アナウンスはない。

一体何が起こってるんだ？

2

すでにお昼だ。

何を作ろうかな？

チャーハンが食べたいと弟が言った。

3

今朝、同僚が悲しい顔をしている。

一体どうしたんだろう？

ドジャースが夕べ試合に負けたからだって。

1 **have suddenly stopped**：急に止まった。今突然、電車が止まった臨場感を出すためここでは現在完了形が使われています。/ **internal announcement**：車内のアナウンス。This train is temporarily stopped due to an accident.（事故のため、電車は一時停止しています）などと言われ慌てることもある。/ **What's going on?**：一体何が起こっているの？ Whatは出来事や物事を尋ねる疑問詞。What's going on?（どうなってるの？）は口語でよく使われる常套句なので覚えておくと便利。

2 **already noon**：もうお昼だ。It's already midnight/afternoon.（もう真夜中/午後だ）/ **What should I...?**：何を～すべきか？ What should I do this afternoon?（さあ午後は何をしようかな？）。/ **fried rice**：チャーハン。焼きソバ

ここではwhat（何、どんな）を使った疑問文を交えてつぶやきます。心境や胸の内を表すことができる疑問文は、つぶやき英語との相性も抜群です。

1 The train has suddenly stopped.

2 There's no internal announcement.

3 What's going on?

1 It's already noon.

2 What should I cook?

3 My brother said he wants to eat fried rice.

1 My colleague looks sad this morning.

2 What's wrong with him?

3 He says the Dodgers didn't win last night.

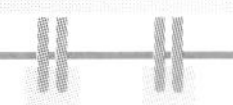

は fried noodles。

3 **look sad**：悲しそうに見える。look+形容詞の例としては、look happy（うれしそう）、look angry（怒っているみたい）、look bored（退屈しているみたい）、look confused（混乱しているみたい）など。/ **What's wrong with...?**：～はどうしたの？　相手が困っていたり、悩んでいるらしいときに、よくこのように尋ねる。What's wrong with you?（どうしたの？）/ **Dodgers**：ドジャース（アメリカメジャーリーグの球団の1つ）。/ **win**：勝つ。lose（負ける）を使ってThe Dodgers lost to the Padres last night.（昨夜、ドジャースはパドレスに負けた）とも言える。

knock

74 疑問文を交えて実況中継する⑤

1

物置で美しい絵を見つけた。

誰が描いたんだろう？

そうだ、自分で描いたんだ！

2

今日の夕食は誰が作るの？

私は今夜は疲れちゃってダメ……。

弟が僕がやるよと言ってくれた。

3

誰かがゴミをわが家の前に置いた。

一体誰だろう？

野良犬か何か？　またはカラスかな……。

1 **painting**：絵。水彩画、油絵など色のついた絵画をpaintingと言う。鉛筆画はdrawing。/ **storage room**：物置。Our storage room is full of junk.（うちの物置はガラクタだらけだ）。/ **Who painted...?**：誰が描いた？Whoは誰？と尋ねる疑問詞。Who cooked this meal?（この食事は誰が作ったの？）。/ **it was me**:（それを描いたのは）私だった。I'm the one who painted it.と言ってもよい。

2 **Who's cooking...?**：誰が料理する予定なのか？近い未来の予定を表す進行形。Dad is cooking tonight.（今夜はパパが料理してくれる）。/ **too tired to cook**：疲れて料理できない。too...to...で「～し過ぎて～できない」。I'm too tired to keep my eyes open.（疲れ過ぎて目を開けていられない）。/ **said he would**：彼が～すると言った。wouldの後のcook tonightが省略されている。直

ここでは、who（誰）を使った疑問文を交えてつぶやきます。疑問文は、1文目に対する疑問を述べる形で使ってもよいですし、1文目から疑問文で始めて展開しても構いません。

1 I found a beautiful painting in our storage room.

2 Who painted it?

3 Oh, it was me!

1 Who's cooking dinner tonight?

2 I think I'm too tired to cook.

3 My brother said he would.

1 Someone left trash in front of our house.

2 I wonder who it was...

3 A stray dog or something? Or crows?

接話法にすると、My brother said, "I'll cook tonight." となる。

3 **leave trash**：ゴミを捨てる。米国ではゴミはをtrash/garbage、英国ではrubbishと言ったりする。/ **I wonder who...**：誰が～をしたのだろう？/ **stray dog**：野良犬。/ **crow**：カラス。カラスはかつて「神の使い」と考えられていたそうだ。現代では不吉や死の象徴か？

knock
75 命令文を交えて実況中継する！

1

あれらの木々を見て！

葉が色づき出している。

気温が急に下がったわけだ。

2

何の本を読んでいると思う？

英国王室の噂話について書かれた本だ。

なかなか興味深い……。

3

世界は地球の温暖化を止められない。

このことを真剣に考えてみて！

いずれ、我々は深刻な問題に直面するよ。

1 **Look at...**：～を見て。命令形。Look!と言う場合もあり、何かに注意を向けさせるときに使う。Look! The sky is so beautiful today.（見て！　今日の空はすごくキレイ）。/ **leaves**：葉。/ **changing color**：色づいている（紅葉している）。紅葉のことは、autumn/fall colorsとも言う。/ **temperature has dropped**：（急に）気温が下がった。drop（下がる）の反対はrise/go sup（上がる）。ここでは急に気温が下がった臨場感を出すため、現在完了形を使用している。現在と切り離して、単に気温が変化した事実を述べるだけなら過去形でもよい。The temperature rose today.（今日は気温が上昇した）。

2 **Guess...?**：～と思う？　自分がある情報を持っていて、相手がまだ知らないとき、Guess what!（何だと思う？）と聞くこともある。/ **British Royal Family**：

命令文は、SNS上で注目を集めたり、人々のリアクションを促進するのに有効な表現です。疑問文とともに自分の表現に取り入れ、描写力をアップさせましょう。

1 Look at those trees!

2 The leaves are changing color.

3 It's because the temperature has dropped.

1 Guess what I'm reading!

2 It's a book about British Royal Family gossip.

3 Very interesting book...

1 The world can't stop global warming.

2 Please think about this seriously!

3 We will be in serious trouble sooner or later.

英国王室。/ **gossip**：ゴシップ、噂話。海外ドラマ『ゴシップガール（Gossip Girl）』はニューヨークのリッチな高校生たちを描いたドラマで日本でも人気があった。/ **interesting book**：興味深い本。このようにinterestingはやや皮肉を込めて使うこともある。

3 **global warming**：地球温暖化。Global warming is currently the most pressing issue.（地球の温暖化は現在一番差し迫った問題だ）。/ **Please**：どうか。命令文の頭にPleaseをつける形は、丁寧に、または相手に物事を真剣に頼む（やや強制の意味合いもある）ときによく使う。/ **seriously**：真剣に。/ **in serious trouble**：深刻な問題に。/ **sooner or later**：いずれ、遅かれ早かれ。

knock

76 比較表現を交えて実況中継する！

1

弟はすでに私より大きい。

驚いたことに、まだ成長している。

2、3年後はどのくらい身長が伸びてるかな……。

2

上司にプレゼンが前よりずっとよくなったと言われた。

やった、ついに褒められたー！

ずっとプレゼンスキルが上がるよう頑張ってきたもの。

3

冬が近づいている。

日も短くなってきている。

今年の冬は寒過ぎないといいな。

1 already taller than...：すでに〜より背が高い。比較級。反対はI'm shorter than my brother.（私は弟より背が低い）。/ **surprisingly**：驚くことに。/ **be still growing**：まだ成長している。growの過去分詞grownは完了形の文でよく使われる。He has grown into a complete adult.（彼は完全に大人になった）。/ **how tall he will be**：彼がどのくらいの背丈になるか。日本では身長を表すのにcmを使うが、米国ではfeet/inchを使う。Wow! He is 6 feet and 5 inches tall.（スゴイ！　彼の身長は195.5cmだって）

2 much better than...：〜よりずっとよい。muchは副詞で、形容詞のbetter（よくなる）の意味をさらに強めている。/ **compliment me**：私を褒める。名詞はcompliment(s)。I appreciate your compliments.（褒め言葉をありがとう）。/

ここでは2つを対比するのに便利なさまざまな比較表現について押さえましょう。またライブ実況と相性のいい進行形や、未来予測を表すwillの使い方にも注目してください。

1 My brother is already taller than me.

2 And surprisingly, he's still growing.

3 I wonder how tall he will be in a few years.

1 My boss said my presentation was much better than last time.

2 Yay, he finally complimented me!

3 I've been working so hard to improve my presentation skills.

1 Winter is approaching.

2 The days are getting shorter too.

3 I hope it won't be too cold this winter.

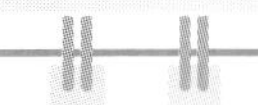

Step 3

3文スピーキング ● SNS表現

have been working so hard：一生懸命頑張ってきた。ここでは、過去から現在まで継続してきて、その努力が今なお進行中であることを強調するために現在完了進行形を用いている。/ **presentation skills**：プレゼンスキル。話し方や態度、スライドの作り方、見せ方などすべてを含む。

3 **be approaching**：近づいている。The typhoon is approaching.（台風が近づいている）/ **days are getting shorter**：日が短くなってきている。逆はgetting longer。/ **won't be too cold**：あまり寒くはならないだろう。暑過ぎるのも困るが、寒過ぎるのも嫌なものだ。また、ここでのwon't は「～しないだろう」という未来予測を表す。

knock

77 願望を交えて実況中継する！

1	私の大好きなK-POPグループが来月来日する。 彼らが日本に来るのは初めて。 あー、彼らのコンサートに行けたらいいのに。
2	外国人がチケットを買うのに苦労しているようだ。 助けてあげられたらいいんだけど……。 勇気を振り絞り、話しかけてみるべきかな？
3	この靴屋さんは新しいスニーカーをたくさん置いている。 弟がここにいればなあ。 彼はスニーカーマニアだから。

❶**K-pop group**：（韓国系）K-POPグループ。/ **coming**：やってくる。ここでは、進行形を使って「近い未来」を表している。/ **their first visit to...**：彼らにとって～への初めての訪問。This is my first visit to Paris.（パリには初めて来ました）/ **I wish I could...**：～できたらうれしい。「～ならいいのになあ」という願望を表す仮定法。口語では頻繁に使われる。

❷**foreigner**：外国人。**be having trouble buying...**：～を買うのに困っている。have trouble+動詞の現在分詞で「～するのに困っている/苦労している」と表現できる。I had trouble finding a restroom.（トイレを探すのに苦労した）。/ **I wish I could help...**：～を助けられたらよいのに。ここでのI wish I couldは、将来できるかもしれないが、現時点ではまだやれていないことを願っている。/ **work up**

ここではI wish（～だったらいいのに）を使って、現実離れした願望をつぶやきます。実際にはなかなか難しいけど……というニュアンスが込められている点がポイントです。

1 My favorite K-pop group is coming to Japan next month.

2 It's their first visit to our country.

3 Ah, I wish I could go to their concert.

1 A foreigner is having trouble buying a ticket.

2 I wish I could help him...

3 Should I work up the courage to talk to him?

1 This shoe store has a lot of new sneakers.

2 I wish my brother was here.

3 He's a sneaker maniac.

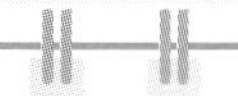

the courage：勇気を振り絞る。知らない外国人に英語で話しかけるのは勇気が要る。でも思い切ってやってみよう。案外うまく行く！

3 **a lot of...**：～がたくさん。a lot of...はa lot of people（可算）、a lot of water（不可算）どちらにも使えて便利。口語ではmanyより使用頻度が高い。/ **I wish my brother was...**：弟がいたらよいのに。仮定法では文法的にwereの使用が望ましいが、口語ではwereの代わりにwasを使うこともある。/ **sneaker maniac**：スニーカーマニア。

knock

78 妄想を交えて実況中継する！

1

あと10cm背が高くて5キロやせていたら……。

モデルになれるかも？

いやいや、冗談です（笑）。

2

もし生まれ変われるとしたら、宇宙飛行士になりたいな。

まずは宇宙に興味あるし……。

２つ目には、世界的に有名になりたい。

3

祖母は私が10歳のときに亡くなった。

とても寂しい……。

まだ生きていたら、たくさんお喋りできたのに……。

1 **If only I were...**：もし～だったら（onlyは願望の強調）。仮定法過去。現在または将来の非現実的な状況、願望を表すときに使う。If+主語+動詞の過去形の後、主語+would (should/could/might)+動詞の原形になる。/ **Could I be...?**：～になれるかしら？　ひとつ前のIf文の主節にあたる。/ **just joking**：冗談に過ぎない。/ **LOL**：笑（laughing out loudの略）。SNSで一時期流行ったが、今はemojiやhaha/heheなどの使用が増えている。

2 **start my life over again**：自分の人生をやり直す。If I could..., I would....の仮定法過去文。/ **astronaut**：宇宙飛行士。/ **first of all**：まず最初に。/ **space**：宇宙。/ **second**：2つ目に。firstの後に何かを述べるときに使う。/ **world-famous**：世界的に有名な。

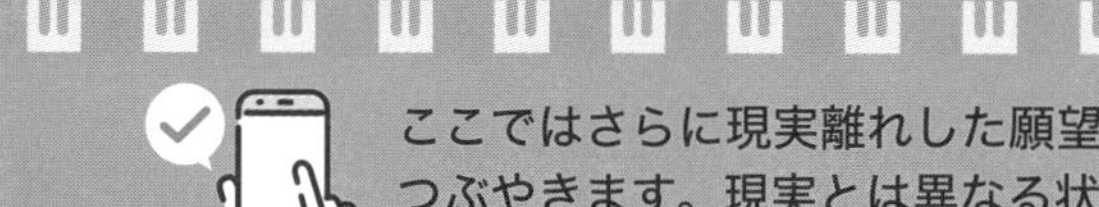

ここではさらに現実離れした願望や、想像上の空想や妄想をつぶやきます。現実とは異なる状況を表す仮定法を使いこなし、自身の空想すらつぶやけるようになりましょう。

1 If only I were 10cm taller and 5kg lighter...

2 Could I be a model?

3 No, I'm just joking (LOL).

1 If I could start my life over again, I would become an astronaut.

2 First of all, I'm interested in space.

3 Second, I want to be world-famous.

1 My grandmother died when I was 10 years old.

2 I miss her a lot.

3 We could have talked a lot more if she was still alive.

3 die：亡くなる。/ miss her：彼女がいなくて寂しい。/ could have talked a lot more：もっと話せただろうに。仮定法過去完了。過去の事実に反する仮想、つまり現実にはもうあり得ないことを表すのに使う。基本形はIf＋主語＋had＋過去分詞の後、主語＋would（should/could/might）＋have＋過去分詞。ここではif she had still been aliveと表現するほうが文法的には正しいが、口語ではif she was (were)のような言い方をすることがよくある。

knock **79**

想像や推量を交えて実況中継する！

1

上司が我々全員を夕食に招待してくれた。

何人かは伴侶と一緒に来るのかな？

だとしたら、すごく楽しそう！

2

友人は3カ国語を見事に操る。

日本語と英語と、そして中国語だ。

マルチリンガルになれたら最高だね！

3

彼がディナーになかなか来ない。

交通渋滞に巻き込まれているのでは……。

多分、きっとそうだ。

1 **invite all of us for...**：我々全員を～に招待する。/ **Will...?**：～だろうか？　未来形疑問文。/ **bring their spouses**：配偶者を連れてくる。husband/wifeを指している。/ **It would be...**：～だろう。would/couldで成り立つ1文は、起こるかもしれない未来を想像したり、現実に起こっているかもしれない事実を推量する場合によく使われる仮定法の1つ。

2 **fluently**：流暢に。I wish I could speak English more fluently.（英語がもっと流暢に話せたらいいのに）/ **Chinese**：中国語。韓国語はKorean。I speak both Chinese and Korean.（中国語と韓国語を話せます）。/ **would be so nice**：（～であるなら）素晴らしい。/ **multilingual**：マルチリンガル、多言語話者。**bilingual**：バイリンガル（2カ国語を話す人）。

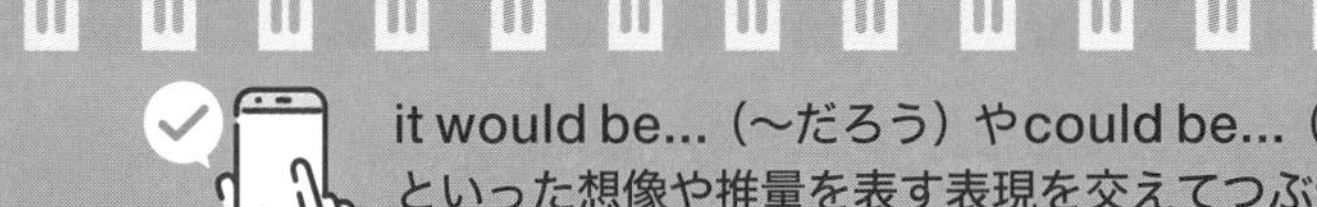

it would be...（〜だろう）やcould be...（〜かもしれない）といった想像や推量を表す表現を交えてつぶやきます。1つの事実の描写に胸中の描写を加え、多彩に展開しましょう。

79

1 Our boss invited all of us for dinner.

2 Will some of them bring their spouses?

3 It would be so much fun!

1 My friend speaks three languages fluently.

2 Japanese, English and Chinese.

3 It would be so nice to be multilingual!

1 He is so late for dinner.

2 He could be stuck in traffic.

3 That's probably it.

3 **be late for dinner**：夕飯に遅れる。/ **could be stuck in...**：〜に巻き込まれている（身動きできなくなる）。ここでのcouldは現実に起こっているかもしれないことを推量している。/ **traffic**：交通（渋滞）。/ **probably it**：多分それだ。この文のitは彼が渋滞に巻き込まれているかもしれないことを指している。

knock 80

自分のうれしいニュースをつぶやく！

1

今、美容院です！

美容師さんが前髪を作ったほうが似合うと勧めてくれた。

その結果は？　新しい髪型に大満足！！

2

わが家の犬が最近５匹の子犬を産んだ。

世話をするのが超楽しい！

子犬たちに好きな韓国歌手の名前をつけちゃった！(笑)

3

最近、新しいiPhoneを買った。

カメラが3つついている。

古いやつに比べ、画質が2倍くらいよい。

1 **beauty salon**：美容院。hair salonとも言う。I'm going to make an appointment with the hair salon.（美容院に予約を入れよう）。ちなみに米国は美容院の料金が日本と比べてかなり高いので日本人ほど美容院にマメに通わない人も多い。/ **hairdresser**：美容師。hair stylistとも言う。理容師はbarber。make a hair (salon) appointment （美容院の予約をする）。request one's favorite hairstyle（好きな髪型をリクエストする）。/ **result**：結果。/ **be so happy with...**：〜に満足だ。I'm happy with my new glasses.（新しい眼鏡を気に入っている）/ **haircut**：ヘアスタイル。

ここからはテーマ別に、SNS投稿と親和性の高い内容についてつぶやいていきます。まずは自分の身の回りのハッピーなお知らせから。

80

1 I'm in a beauty salon now!

2 My hairdresser suggested I would look better with bangs.

3 The result? I'm so happy with my new haircut.

1 My dog recently had five puppies.

2 I love taking care of them!

3 I even named them after my favorite Korean singers. (hehe)

1 I recently got a new iPhone.

2 It has triple cameras.

3 The picture quality is twice as good as the old one.

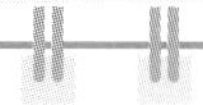

2 **recently**：最近。/ **have**：(ここでは)産む。/ **take care of**：世話をする。My friend loves taking care of her kids.(友人は自分の子供の世話をするのが大好きだ)。/ **name them after...**：(子犬を名前を)～にちなんで名付ける。I was named after a famous movie star.(私の名は有名な映画スターにちなんで名付けられた)。

3 **get**：手に入れる。何かを購入したとき、日常会話ではboughtと言わずにgotとよく言う。/ **iPhone**：アイフォン。/ **triple cameras**：３つのカメラ。スマホに搭載されたカメラが３基あることを指している。/ **picture quality**：写真の画質。/ **be twice as good as...**：～と比較して２倍よい。

knock

81 自分の悩みやトラブルをつぶやく！

1
週に2、3回ジムでトレーニングしている。
でも今のところ、あまり進歩がないなあ。
あと2キロはやせなきゃ……。

2
上司はときどき不機嫌になる。
私の仕事が遅いときは特にそう。
もう少し辛抱強くなってほしいな。

3
台湾旅行のためパッキングしています。
でも詰めるものが多過ぎる！
多分もう少し大きいスーツケースが必要。

1 **work out**：ワークアウト（トレーニング）する。/ a few times a week：一週間に2、3回。/ **haven't made much progress**：あまり進歩がない。ここでの「進歩」は体重減少のこと。頑張ってジムに通っているわりにはほとんどやせていないと話者がこぼしている。「進歩する」はmake progress。I have made great progress in my English skills.（英語のスキルがものすごく上達した）。/ **have 2 kilos to lose**：まだ2キロやせなくてはならない。

2 **grumpy**：不機嫌な。ちなみに気分で態度がよく変わる人のことはmoody personと言う。/ **at times**：ときどき。At times, I think about quitting my job.（ときどき仕事を辞めたいと思うときがある）。/ **happen**：起こる。/ **work slowly**：のろのろ仕事をする。We all work at different paces.（我々はみな異なるペースで

日常的なトラブルはつぶやくネタの宝庫です。日頃の行動習慣や客観的な事実については現在形で、今まさに実行中の行動については進行形で描写しましょう。

81

1 I work out at the gym a few times a week.

2 But so far I haven't made much progress.

3 I still have 2 kilos to lose.

1 My boss gets grumpy at times.

2 This happens especially when I work slowly.

3 I wish he would be more patient with me.

1 I'm packing for a trip to Taiwan.

2 But I have too much to pack!

3 I probably need to switch to a bigger suitcase.

仕事をする)。/ I wish he would...：彼が～ならいいのになあ。願望を表す仮定法。/ be patient with...：～に対して辛抱強い。

3 pack：パッキング（荷作り）する。/ a trip to Taiwan：台湾旅行。/ too much to pack：パックするものが多過ぎる。心配性（worrierと言う)の人はあれも必要これも必要と心配になり、結果的に荷物が大きくなってしまうことも。/ need to switch to...：～に交換しなくてはならない。

knock

82 他人に自慢したいことをつぶやく！

1 今、六本木で超ヒップな店にいるよ。
有名人にも人気の店。
いつもよりお洒落して来ちゃった、ハハ。

2 私の体重、今どのくらいか知りたい？
ついに、最後の2キロが落ちたよ。
これで新しいズボンがはける！

3 最近、TOEICで800点をマークした！
頑張ってここまで来れたのがうれしい。
誰でも挑戦すればできるってことだよね！

❶**hippest**:最もヒップな（流行の）。hipの最上級。前述（*p*.150）のように「～にいる」という場合の前置詞はatでもinでもよいが、inを使った場合は、話者がすでにレストランの中にいて、そこからレポートしている感じが出る。/ **be popular with...**：～に人気な。/ **celebrities**：有名人。日本語のセレブはこの言葉から来ている。/ **be dressed up**:お洒落をする。/ **more than usual**:普段より。/ **haha**:ハハ(笑)。擬音語（オノマトペ）はSNSでもよく使われる。haha(ha) /hehe(he)他、emoji(絵文字）は外国人に大変人気がある。

❷**how much I weigh**:(今)自分の体重が何キロか。/ **finally lost**:とうとうやせた。/ **final 2 kilos**:最後の２キロ。始めは順調でも途中からやせる速度が鈍ることもある。I can't lose the last few kilos.（最後の2、3キロがどうしてもやせられない）/ **fit**

現在の客観的な事実や心の動きについては現在形で、過去にやり遂げたことについては過去形、過去から現在にまで影響を及ぼす事柄については現在完了形を使いましょう。

1 I'm at the hippest restaurant in Roppongi.

2 It's also popular with celebrities.

3 I'm dressed up more than usual, haha.

1 Do you want to know how much I weigh now?

2 I finally lost that final 2 kilos!

3 Now I can fit into my new pants!

1 I recently scored 800 on the TOEIC test!

2 I'm glad I've got this far by working hard.

3 You can do it if you try, right?

into...：～がちょうどはける。I won't fit into these pants unless I lose some more.（もう少しやせないと、このズボンは入りそうもない）

3 score 800：800点を取る。/ **TOEIC test**：TOEICの試験。/ **get this far**：ここまでたどり着く。Honestly, I never thought I'd get this far.（正直、まさかここまで来れるとは思わなかった）。努力した後の成功は素晴らしい気分にさせてくれるものだ。/ **You can do it if you try**：やればできるんだよね！

knock

83 他人の投稿への感想をつぶやく!

1	この女性はすごい! 双子の子供がいるのに、3つ子を身ごもっているんだって。 すごいお母さんだ。
2	友達が今と10年前の写真を投稿した。 わあ、彼女随分変わったな。 でも、今も昔と同じようにハツラツとしていた。
3	今、被災地の動画を見た。 家々は崩れ、人々は怪我をした。 自然は美しいけれど、ときとして残酷だ……。

1 **amazing**:すごい。感嘆を表す形容詞amazingは物事にも人にも使える。/ **twins**:双子。/ **be expecting triplets**:3つ子を身ごもっている。be expecting a baby(妊娠している、出産が近い)。My cousin is expecting a baby next month.(従姉は来月出産の予定です)/ **such a...**:それほど〜な。such (a)は名詞を形容するときに便利な表現。such a beautiful scenery(とても美しい風景)

2 **pictures from now and 10 years ago**:今と10年前の写真。pictures from(〜の写真)のように、前置詞はfromを使う。/ **change a lot**:すごく変わる。外見が劇的に変化することを表している。/ **as lively as before**:以前と変わらずハツラツとしている。同じような形容詞にactive(活発な)があるが、こちらは物理的に活発でさまざまな活動に参加している様子を表す。

ここでは他人がポストした画像や動画についてつぶやきます。日本語訳ではしばしば省略される主語を補って英訳する癖を身につければ、英語の瞬発力もグッと上がるでしょう。

1 This woman is amazing!

2 She already has twins and is expecting triplets.

3 She is such a great mother.

1 My friend posted her pictures from now and 10 years ago.

2 Wow, she has changed a lot!

3 But I think she is just as lively as before.

1 I just saw a video of the disaster area.

2 Houses were destroyed and people were injured.

3 Nature is beautiful but sometimes cruel...

3 disaster area：災害地。地震（earthquake）、水害（flood）などを受けた土地。There are many earthquakes and floods in Japan every year.（日本は毎年多くの地震や水害に見舞われている）/ **destroy**：破壊する。/ **injure**：怪我をする。犠牲者（casualties/victims）。There were 30 casualties in this earthquake.（この地震では30人の人が亡くなった）/ **sometimes cruel**：ときには残酷な。

knock 84

報道やゴシップへの感想をつぶやく!

1

あのスーパーヒーローが結婚する?

幸運な相手の女性は誰だろう?

ショックだけど、2人を祝福したい。

2

山本が新しいユニフォームを着てうれしそう。

これでチームに 2 人の偉大な日本人選手がそろった。

試合で彼らを見るのが楽しみだ。

3

その少女はスケートのジュニア大会で優勝した。

まだ13歳だというからびっくり。

若い頃の浅田真央を思い出すなあ。

1 **superhero**:スーパーヒーロー、偉人。スポーツや芸能で卓越した業績を残している人を指す。Michael Jackson is a superhero of all times.(マイケル・ジャクソンは永遠のスーパーヒーローだ)。ちなみにheroは女性にも使える。She is our hero.(彼女は私たちの英雄だ)。/ **luck lady**:幸運な女性。/ **shocked**:ショックを受けた。/ **be happy for**:〜のためにうれしい。日本語にするのが難しい表現だが、誰かの成功を心から喜ぶときによく使う。I'm happy for you.(本当によかったね!)

2 **look happy**:幸せそうに見える、満足気である。in his new uniform:新しいユニフォームを着て。My sister looks so happy in her new dress.(姉は新しいドレスを着て満足げだ)/ **great Japanese players**:偉大な日本人選手たち。米

I'm shocked（ショックだ）、I'm surprised（驚いた）、I'm looking forward to...（～するのが楽しみだ）といった、リアクションや感想を述べる際に使える表現を要チェック！

1 That superhero is getting married?

2 Who is the lucky lady?

3 I'm shocked but happy for both of them.

1 Yamamoto looks happy in his new uniform.

2 Now the team has two great Japanese players.

3 I'm looking forward to watching them play.

1 That girl won the Junior Skating Championship.

2 I'm surprised she's only thirteen.

3 She reminds me of a young Mao Asada.

国MLB（メジャーリーグ）へ進出する日本人の数は年々増え続けている。/ **watch them play**：彼らがプレーするのを見る。watchはseeと同じく知覚動詞。

3 **win**：（競技などで）賞を取る。/ Junior Skating Championship：ジュニアスケート大会。/ **I'm surprised...**：～（であること）に驚く。I'm surprised she didn't win.（彼女が勝たなかったことにびっくり）。/ **remind me of...**：～のことを私に思い出させる、～に似ている。My cousin reminds me of our late grandmother.（従姉は亡くなった、我々の祖母に似ている）

knock

85 社会問題への見解をつぶやく！

1	最近、子供を産まない女性が増えている。 女性たちは我々の社会が将来どうなるか心配なのだ。 より平和で安全な世の中を作っていこうよ。
2	うちの学校では生徒が髪を染めることが禁じられている。 それって、考え方が時代遅れじゃない？ どの生徒も髪を好きな色にする自由はあるよね？
3	子供たちをひとりで外を歩かせるのは良くないと思う。 誘拐や色々な問題に巻き込まれそう……。 より小さな子供たちは親が同伴するべき。

1 **fewer women**：以前より少ない数の女性たち。fewerはfewの比較級。何かが少ないという意味のfewは可算名詞と一緒に使われるが、littleの比較級lessは不可算名詞と一緒に使う。/ **worry about...**：〜を心配する。/ **future of society**：社会の行く末。/ **create**：作り上げる。/ **peaceful and secure**：平和で安全な。

2 **not allowed to...**：〜することを禁じられている。not allowedは規則や注意を促す看板などによく使われている。You are not allowed to smoke in this area.（この場所は禁煙です）。/ **old-fashioned**：古い、時代遅れの。I think these pants are too old-fashioned.（このズボンは時代遅れだ）。/ **have the right to...**：〜の権利がある。/ **choose their own hair color**：自分の髪の色を選ぶ。

ここでは、さまざまな社会問題に関する自分の見解をつぶやきます。I以外の主語を使い分けることで、多様な視点から意見を述べてみましょう。

85

1 Fewer women are having babies these days.

2 They worry about the future of our society.

3 Let's create a more peaceful and secure world!

1 In our school, students are not allowed to dye their hair.

2 Isn't that old-fashioned?

3 Students have the right to choose their own hair color, right?

1 I think it's dangerous to let children walk alone.

2 They could be kidnapped or get into other kinds of trouble.

3 Smaller children must be accompanied by their parents.

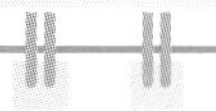

3 dangerous：危険な。/ let children walk alone：子供ひとりで歩かせる。小学生以下の子供がひとりで外を歩いている姿を見るのは欧米では珍しい。学校まで親が送り迎えすることが多い。/ could be kidnapped：誘拐されるかもしれない。couldは可能性や推量を表す助動詞。/ get into...：(トラブルなどに)巻き込まれる。/ smaller children：比較的小さな子供たち。/ be accompanied by...：～に付き添われる。

knock

86 他人の投稿についてコメントする①

1

キレイな写真をシェアしてくれてありがとう。

ベルサイユ宮殿はとても豪華ですね。

庭もすごくキレイです。

2

あなたが撮った金閣寺の写真、すごく素敵です。

その角度から撮ったやつは初めて見ました。

写真、とてもお上手ですね。

3

とても「インスタ映え」する写真ですね。

ハワイの夕暮れ時のビーチはとても美しい……。

いつか私も行ってみたいなあ。

1 **Thank you for sharing...**：～をシェアしてくれてありがとう。forのあとには現在分詞の他、名詞が来ることもある。Thanks for your kind message.（温かいメッセージをありがとう）。/ **Palace of Versailles**：ベルサイユ宮殿。/ **gorgeous**：豪華、見事な。びっくりするほど美しい景色を説明する形容詞は、stunning/magnificent/spectacular/breathtakingなど。breathtakingは息を呑むような美しさを表す。The view from the top of the mountain was breathtaking.（山の頂上から見た景色は息を呑むほど美しかった）。/ **the garden**：（宮殿の）庭。

2 **Kinkakuji Temple**：金閣寺。寺の名前は外国人にわかりやすいようにTempleを後につけることがよくある。Kiyomizudera Temple（清水寺）、Sensoji

ここではお礼を述べたり、相手の投稿を褒める際に使える表現をまとめました。I've never seen... (～を今まで見たことがない)も何かを称えるのに使用できる表現です。

1 Thank you for sharing the beautiful photo.

2 The Palace of Versailles is so gorgeous.

3 The garden is also very pretty.

1 Your picture of Kinkakuji Temple is wonderful.

2 I've never seen the temple photographed from that angle.

3 You are a very good photographer.

1 I think your photo is very "instagenic".

2 The Hawaiian beach at sunset is so beautiful...

3 I want to go someday.

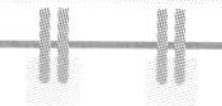

Temple(浅草寺)など。/ **photographed from that angle**：その角度から撮った。/ **good photographer**：写真が上手い。日本語の「フォトグラファー」はプロの写真家を指すが、英語では一般の人で上手に写真を撮る人にも用いられる。ダンスが上手ければ、You are a good dancer.(君はダンスが上手いね)など。

3 **instagenic**：インスタ映えする。ソーシャルメディアのインスタグラムが登場してからできた新語。/ **Hawaiian**：ハワイの。/ **at sunset**：夕暮れ時の。夕暮れ時のハワイの海岸はまさにmagnificent(素晴らしい)。/ **go someday**：いつか行く。

knock

87 他人の投稿についてコメントする②

1

あなたの意見に賛成です。

少子化は日本でも問題になっています。

政府や社会の助けがもっと必要ですよね。

2

私も日本ではプラスチックを使い過ぎだと思います。

すべてがプラスチックで包装されている……。

これは真剣に考えるべき問題だと思います。

3

一言言わせてほしい！

このやせたモデルたちはもっと食べるべき！

ぽっちゃりしたモデルをもっとショーで見てみたい。

1 **you are right**：あなたは正しい。相手の意見をしっかり聞いてから、自分の意見を言うのが大切。このように最初に相手の意見を尊重する態度を示すのが理想的だ。/ **declining birthrate**：少子化、出生率の低下。/ **government and society**：政府や社会。

2 **I agree that...**：〜ということに賛成だ。不賛成の場合、I'm sorry, but I don't agree with you.（すみませんが、あなたとは意見が違います）と言うと丁寧な印象になる。/ **wrapped in plastic**：プラスチックで包装されている。海外では肉や野菜、果物などがラップされずにそのまま売られていることが多い。日本の食品がすべてラップされていることに驚く外国人は多いようだ。/ **take this seriously**：（この問題を）真剣に捉える。

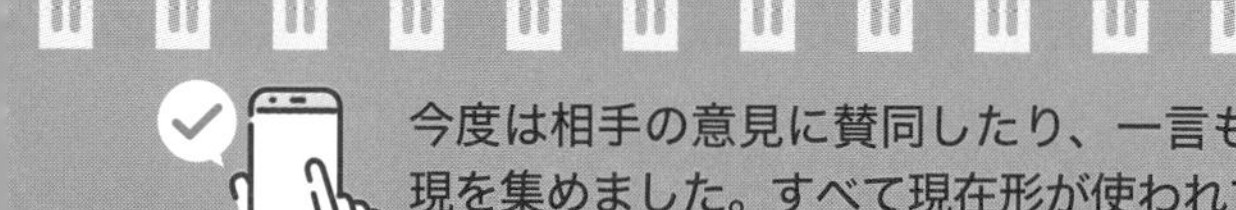

今度は相手の意見に賛同したり、一言もの申す際に使える表現を集めました。すべて現在形が使われています。話題によってIとWeを使い分けている点にも注目しましょう。

87

1 I think you are right.

2 The declining birthrate is also a problem in Japan.

3 We need more help from the government and society.

1 I agree that we use too much plastic in Japan.

2 Everything is wrapped in plastic...

3 I think we should really take this seriously.

1 Let me say one thing!

2 These skinny models should eat more!

3 I want to see more plus-size models in the show.

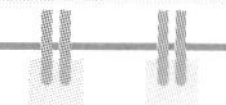

3 **Let me say one thing**:1つ言わせて。何か強く主張したいときにこのように言う。/ **skinny models**:やせてガリガリのモデル。skinny（やせ過ぎ）とslim（すらっとキレイにやせている）はニュアンスが異なるので注意。/ **plus-size models**:ぽっちゃりモデル。最近は理想とされる体型のモデルだけでなく、ぽっちゃり体型のモデルがファッションショーや広告に登場することもある。多様性を求める時代の流れかもしれない。

knock

88 自分の投稿に対して反応する①

1

コメントをありがとうございます。

この寺をぜひ秋に訪ねてみてください。

庭の紅葉が素晴らしいですよ。

2

投稿へのコメントをありがとう！

この店で食べられるカレーはとにかくすごい。

テイクアウトもできます。

3

ナイスなコメントに感謝！

この写真はちょっとやせて撮れてるかもね。

コツは下から撮ることだよ（笑）。

1 **Thank you for...**：～をありがとうございます。誰かにコメントされたら、まずはこのように返事をしよう。/ **should visit**：訪れるべき。ここでのshouldは強めの提案。Haven't seen it yet? You should.（えっ、まだ見てなかったの？　絶対に見るべき！）のようにも使える。visitは直接目的語をとる。/ **You will see...**：～が見られる。

2 **I liked your comment.**：コメントをありがとう。直訳すると「私はあなたのコメントが気に入った」だが、相手への返礼として、ときどきこのような言い方もする。/**on my post**：私の投稿について。/ **curry**：カレー。カレーは外国人にも人気のメニューだ。/ **simply amazing**：ただただ素晴らしい。/ **order to-go**：持ち帰りにする。テイクアウトはtakeout/takeawayなどとも言うが、米国ではよくorder

ここでは自分が投稿した記事にコメントを寄せてくれた人に対して感謝する際に使えそうな表現をまとめました。Youを主語にして相手に有益な情報をつぶやくのもよいかも。

1 Thank you for your comment.

2 You should visit this temple in the fall.

3 You will see beautiful fall colors in the garden.

1 I liked your comment on my post.

2 The curry at this restaurant is simply amazing.

3 You can also order to-go.

1 I appreciate your nice comment!

2 I think I look thinner in this photo.

3 The trick is to take photos from below.(LOL)

something to goと言う。Can I get this to-go?（これを持ち帰れますか？）

3 **appreciate**：感謝する。appreciateは深い感謝を表し、フォーマルな文書でよく使われる。I really appreciate your kind support.（みなさんのご親切なサポートに心より感謝します）/ **look thinner**：よりやせて見える。thinnerはthin（やせている）の比較級。/ **trick**：コツ。/ **from below**：下のほうから。

knock

89 自分の投稿に対して反応する②

1

あなたも犬好きと聞いてうれしいです。

犬は猫より断然いいですよね?

猫みたいに勝手に逃げちゃうこともないし。

2

あなたの意見にはとても励まされる!

多くの親が同じ経験をしてると思う。

子供たちが成長するまで辛抱強く待とう。

3

日本では水を使い過ぎだと思われますか?

多分あなたは正しい。なぜなら……。

わが国は豊富な水に恵まれているからです。

1 dog lover:犬好きの人。猫好きはcat loverと言うが、cat person/dog person(猫派・犬派)と言ったりもする。I'm more of a cat person.(どちらかと言うと私は猫派だ)。普通にI like (love) cats.と言ってもよいが、その場合のcatsは複数形になることに注意。/ **a lot nicer than...**:~よりかなりよい。犬のほうが猫より飼いやすいという意味。みなさんの意見はどうだろうか?/ **run away from...**:~を逃げ出す。

2 encouraging:励みになる。形容詞。動詞はencourage(励ます)。I was very encouraged by his speech.(私は彼のスピーチにとても励まされた)。/ **go through...**:~を経験する。My parents went through a lot of hard times together.(両親は共につらい体験をたくさん乗り越えてきた)。/ **wait for our kids to grow up**:子供たちが成長するのを待つ。

今度は自分が投稿した記事にコメントを寄せてくれた方に対して、自分の投稿に寄せられたコメントを踏まえて主張を展開する際に使える表現を集めました。

89

1 I'm glad to hear that you are also a dog lover.

2 Dogs are a lot nicer than cats, right?

3 They don't run away from you like cats do.

1 Your comment is so encouraging!

2 I guess many parents go through the same thing.

3 We just have to wait for our kids to grow up.

1 You think we use too much water in Japan?

2 You are probably right, because...

3 We are lucky to have plenty of water in our country.

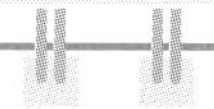

3 **use too much water**：水を使い過ぎる。水資源の豊富な日本では水の使い過ぎをそれほど気にしないが、ヨーロッパでは水は貴重。水は流しっぱなしにせず、皿はなるべく一度に食洗器で洗うなど、水の節約に励む傾向がある。/ **probably right**：多分正しい。断言調を避けたいときはprobably（多分）という副詞を挟むとよい。/ **be lucky to have...**：～があって恵まれている。

knock
90 申請やフォローについてつぶやく！

1

フェイスブックでお名前を見つけました。

今、友達申請させてもらいました。

友達になれたらとてもうれしいです。

2

今フォローさせてもらいました。

あなたの投稿は素晴らしいです。

これからも投稿を楽しみにしています！

3

我々のユーチューブ動画を見てくれてありがとうございます。

よろしければ、チャンネル登録をお願いします。

「ライク」や「コメント」も大歓迎です。

1 on Facebook：フェイスブックで。「インスタグラムで」ならon Instagram。/ **friend request**：友達申請。send/accept a friend request（友達申請を送る/承認する）。Thank you for accepting my friend request.（友達申請を承認してくれてありがとう）、On social media, I don't accept follows from strangers.（SNSでは、知らない人は承認しない）。/ **would be great if...**：～してくれたらすごくうれしい。仮定法。

2 just followed you：たった今、あなたをフォローした。Can I follow you?（フォローさせてもらっていいですか？）。/ **your posts**：あなたの投稿。I always love your posts.（あなたの投稿が大好きです）。/ **looking forward to...**：～が楽しみである。SNSや親しい人とのメッセージ交換では主語が省かれることがよくある。

Step 3のラストは、SNS上でよく使われる定番表現をまとめました。友達申請やフォローのお礼を言ったり、チャンネル登録を促す際の参考にしてください。

1 I found your name on Facebook.

2 I just sent you a friend request.

3 It would be great if we could be friends.

1 I just followed you.

2 Your posts are really nice.

3 Looking forward to your future posts!

1 Thank you for watching our YouTube videos!

2 Please subscribe to our channel, if you'd like.

3 Likes and comments are also welcome!

Liked your post. The photo is amazing.（投稿気に入ったよ。写真すごいね）など。

3 **YouTube videos**：ユーチューブ動画。最近はテレビよりYouTubeを観るという人も多いだろう。/ **subscribe to our channel**：チャンネル登録する。/ **if you'd like**：もしよろしければ。/ **likes and comments**：「ライク」や「コメント」。/ **welcome**：歓迎される。形容詞。Please share this video/post.（拡散希望）のような表現も要チェック！

Review 3

リアルタイムな出来事を実況中継してみよう!

Step 1では現在形を使った事実描写、Step 2では過去形を用いての過去回想と、これまで着実に描写スキルを磨いてきました。そしてStep 3では、たった今目の前で起きていることをライブ中継するという客観描写の要素がより多く入ってきました。「今リアルタイムに起きていることを英語で実況中継できる」スキルを身につけることができれば、ひとりごと英語のトレーニングもだいぶ上達してきたと言えるでしょう。

またStep 3では、つぶやく英文も2文から3文に増えるため、より高度な英文の構成力が要求されました。1文目で話題を提示した後、どのように一言感想や詳細の補足を追加して話題を展開しているか、ぜひもう一度復習してみてください。

さてStep 3の前半では、目の前の出来事をライブ中継して話すのに便利な現在進行形を取り上げました。現在進行形を使うと、今の1点に焦点を当て、すでに始まっている一時的な行為を表すことができます。本文に登場した例を見てみましょう。

- **I'm eating Utsunomiya gyoza now!**
  (今、宇都宮餃子を食べてます!)
- **I'm watching an MLB game now.**
  (今、メジャーリーグの野球中継を観てるよ)
- **I'm almost melting in this heat!**
  (この暑さで体中が溶けそうだ〜)
- **We are walking through the central part of the city.**
  (私たちは街の中心を歩いているところ)
- **They are looking closely at the Daibutsu statue now.**
  (今、彼らは大仏をまじまじ見ているところ)
- **People are enjoying hanami parties.**
  (みんな花見を楽しんでいる)
- **Wow, it's snowing outside!**
  (わあ、外は雪が降っている!)

まずは例文にもあるようにI'm eating...（私は～を食べているところです）、I'm watching...（私は～を観ているところです）などを使って自分が今リアルタイムに体験していることをつぶやいてみましょう。またI以外を主語にすることで、周囲で何かが起こったり、何かが実行されている様子を臨場感をもって描写することができます。

SNSで自分の行動計画や将来予想を告知しよう！

Step 3では、自分の行動予定や将来予想をSNSで発表するときに使える未来形という時制についても取り上げました。be going to...（～する予定だ、～しようとしている）とwill（～するつもり、～だろう）を中心に本文に登場した例を見てみましょう。

- **I'm going to do my homework.**（これから宿題をやる予定）
- **We are going to see a movie today.**
（今日は、これから映画を観に行く予定）
- **The meeting is scheduled for next Friday.**
（会議が次の金曜日に予定されている）
- **I'll post their photos later!**（あとで写真をアップするね！）
- **I'll bring an umbrella just in case.**
（念のため、傘を持っていこう）
- **I'm sure she'll look great in it.**
（彼女はそれがきっとすごく似合うだろうな）

be going to...はすでに決まっている予定や話す前からそうする心づもりがある場合、また確実な将来予測に関して使われます。対してwillは「（そうする意志を）今決めた！」と即決した場合や、直感に基づいて漠然と未来を予測する場合などに使われます。

他にもStep 3では、公式なスケジュールを示す際などに使われるbe scheduled for...（～に予定されている）や、義務や規則によって期待される行動を表すbe supposed to...（～するはず、～することになっている）、近い未来を表すbe just about to...（ちょうど～するところだ、今にも～しそうだ）も紹介しました。これらの類似表現も併せて覚えておきましょう。

現実を忘れ、妄想トークを展開しよう！

さらにStep 3の後半では、現実離れした妄想や空想などについて語ることができる仮定法についても扱いました。本文に登場した例文を見てみましょう。

- **I wish I could go to their concert.**
（彼らのコンサートに行けたらいいのに）
- **I wish I could help him...**
（助けてあげられたらいいんだけど……）
- **I wish my brother was here.**
（弟がここにいればなあ）
- **If only I were 10cm taller and 5kg lighter...**
（あと10ｃｍ背が高くて5キロやせていたら……）
- **If I could start my life over again, I would become an astronaut.**（もし生まれ変われるとしたら、宇宙飛行士になりたいな）
- **We could have talked a lot more if she was still alive.**（まだ生きていたら、たくさんお喋りできたのに……）

I wish＋主語＋過去形は、I wish I were taller.（もっと背が高ければいいのに）というように「現状が違っていたらいいのに～」という願望を表します。またif＋過去形, could/would＋動詞の原形は、If I won the lottery, I would travel around the world.（宝くじに当たったら、世界中を旅行するだろう）というように実現性の低い可能性を仮定したり、現実とは異なる仮想の状況を表すことができます。仮定の話や想像の世界に関しても英語で表現できるようになれば、場所を選ばずひとりごと英語のトレーニングができるようになるでしょう。

1分間スピーキング
[自己表現]

Step 4は今までの総決算。これまで出てきた表現をつなげて、まとまりのある内容を約1分間つぶやいてもらいます。英語の時制を意識的に使い分けることで、英語の発信力を高めてください。このStepでの主な目標は下記の通りです。

- □ 現在形を駆使して、1分間の自己紹介ができる
- □ 過去形を駆使して、自分が体験した出来事について1分間で説明ができる
- □ 現在進行形を駆使して、リアルタイムな出来事について1分間の実況中継ができる
- □ 仮定法を駆使して、自分の妄想や想像を1分間つぶやける
- □ 自分の考えや気持ちについて、まとまりのある内容を1分間話せる

knock

91 1分間の自己紹介に挑戦する①

① みなさんこんにちは。私の名は伊藤真美子です。

真美と呼んでください。

年齢は23歳、大手の広報代理店で働いています。

両親、弟、犬一匹とともに東京の郊外に住んでいます。

② ところで、私は犬派です。

つまり猫より犬が好きなんです。

みなさんはどちらが好きですか?

今日は、私の犬について少しだけお話しします。

③ 私の犬は柴犬で、ウニという名前です。

なぜウニなのか?

それは体毛が硬く茶色だからです。

可愛らしいですが、少し臆病です。

夜になるとよく吠えます。

私は毎週末、彼を散歩させます。

次の週末がとても待ち遠しいです!

ご清聴ありがとうございました。

① **Hello everyone!**:みなさんこんにちは! スピーチの冒頭に来る定番の挨拶。/ **Please call me...**:〜と呼んでください。日本人の名前は外国人には覚えにくいことも。Mamiのように2音節の名前にすると発音しやすい。/ **work for...**:〜という会社で働いている。英語ではI'm an employee at...(〇〇会社の社員です)という言い方はあまりしない。/ **PR company**:広報代理店、PR会社。広告代理店はadvertising agency。/ **the suburbs of Tokyo**:東京の郊外。

② **dog person**:犬派。猫派はcat person。/ **that is**:つまり。前に述べたことをよりわかりやすく説明するときに使われる。/ **What about you?**:あなたはどうです

Step 4では今まで覚えてきたことを総動員して約1分間つぶやいてもらいます。まずは現在形を使った自己紹介から。聴衆への呼びかけや詳細の説明を交えつつ自己表現しましょう。

91

Hello everyone! My name is Mamiko Ito.

Please call me Mami.

I'm 23 years old and I work for a big PR company.

I live in the suburbs of Tokyo with my parents, one brother, and a dog.

By the way, I'm a dog person.

That is, I prefer dogs to cats.

What about you?

Today I'm going to talk a little bit about my dog.

My dog is a Shiba and his name is Uni.

Why Uni?

Because he has a firm, brown coat.

He is cute but a little timid.

He barks a lot at night.

I take him for a walk every weekend.

I can't wait until next weekend.

Thank you so much.

か？　自分の意見の後に相手の意見を尋ねるときによく使う。

③ **Shiba**：柴犬（Shiba Inuと言うこともある）。/ **firm, brown coat**：硬い茶色の毛。/ **timid**：臆病な。/ **take him for a walk**：彼（犬）を散歩に連れて行く。簡単にwalk him (=my dog) でもよい。/ **can't wait...**：〜を待てない（=すごく楽しみである）。/ **Thank you so much.**：ご清聴ありがとうございました。スピーチの締めの言葉。Thank you for listening.とも言う。簡単にThank you.だけでもよい。

knock

92 1分間の自己紹介に挑戦する②

① みなさん、こんにちは！　翔太です。

よろしくお願いします。

僕は高校２年生です。

バスケット部に所属しています。

バスケが大好きです。

② でも僕はちょっとした問題を抱えています。

夜型人間なんです。

よく真夜中を過ぎてから宿題をするのですが、朝は7時に起きます。

たまに夕飯後に仮眠をとることもあります。

それでも、僕の睡眠は短い気がします。

③ 僕はいつも寝る前に目覚ましをかけます。

でもときどき寝坊をします。

そのような朝は、朝食を食べる時間がありません。

健康に良くないことはわかっています。

もっと早く寝るべきですよね。

絶対朝型人間になりたいです。

ありがとうございました。

① **Hi everyone!**：こんにちは！HiはHelloよりもややカジュアル。/ **I'm Shota.**：(僕は)翔太です。名前の紹介には、My name is(名前)/ I'm(名前)の２つの言い方がある。I'm(名前)のほうがカジュアル。最近はこの使い方をよく耳にする。なお欧米の非公式の集まりでは、フルネームではなく、ファーストネームを述べることが多い。/ **Nice to meet you.**：どうぞよろしく。/ **in one's second year**：２年生である。米国では日本の中３がfreshman、高１はsophomore、高2はjunior、高３はseniorだが、相手はアメリカ人とは限らない。本文のようにI'm in my first/second/third year.と言うほうがわかりやすいこともある。

ここでは現在形を駆使して日常のちょっとした悩みを打ち明けています。always（いつも）やsometimes（たまに）などの頻度を示す副詞を使った行動習慣の描写にも注目。

92

Hi everyone! I'm Shota.

Nice to meet you.

I'm in my second year of high school.

I'm a member of the basketball club.

I like playing basketball a lot.

But I have a little problem.

I'm a night person.

I often do my homework after midnight and get up at 7 in the morning.

I sometimes take a short nap after dinner.

Even then, I don't think I get enough sleep.

I always set the alarm before I go to bed.

But I sometimes oversleep.

On those mornings, I have no time to eat breakfast.

I know it's bad for my health.

I think I should go to bed earlier.

I really want to be a morning person.

Thank you.

② night person：夜型人間。/ take a short nap：仮眠をとる。/ even then：それでも（＝昼寝をしたとしても)。/ get enough sleep：十分な睡眠をとる。

③ set the alarm：目覚ましをセットする。/ oversleep：寝過ごす。/ on those mornings：そのような朝は。複数形なのは特定の朝を指していないから。/ morning person：朝方人間。/ really want to be…：とても～になりたい。丁寧に言いたいときはI'd like to be (become)…を使おう。/ Thank you.：ありがとうございました。

knock

93 1分間で過去の体験談を語る①

① 昨年の夏、私は貴重な体験をしました。

私の町には民間の日本語教室があります。

そこでは外国人の子供たちが日本語と日本文化を学ぶのを手伝っています。

私はそこでボランティアのアシスタント教師を勤めました。

② ある日、何人かの生徒と話をしました。

彼らによると、日本語を習うのは難しいそうです。

日本には曖昧な表現があるとも言っていました。

例えば「大丈夫です」という表現は便利だけれど、使い方が難しいことがあります。

ほとんどの場合、それは「OK」という意味です。

しかしレストランで「もう結構です」と言うときにも、カジュアルな言い方としてそう言います。

例えばお店でさらに食事の注文があるか聞かれたが、お腹がいっぱいのときなど。

③ 私は正直、今までこのことに気づきませんでした。

私は外国人の子供たちに日本語を教えることを通じて多くのことを学びました。

来年の夏もここで働きたいと思います。

① **valuable**：貴重な。/ **private**：民間の。反対はpublic。/ **help someone learn...**：誰かが〜を学ぶのを助ける。動詞のlearnは原形。My mother helped me clean my room.（母が私が部屋を片付けるのを手伝ってくれた）/ **volunteer assistant teacher**：ボランティアで働くアシスタントの先生。

② **talk with...**：〜と話をする。talk toとの違いは、talk toが一方的に話す、誰かと話し合うという2種類の状況で使えるのに対し、talk withは一方的に話すときには使えない。/ **hard language to learn**：学ぶのが難しい言語。日本語は漢字、平仮名、片仮名を覚えるのが大変と言う外国人が多い。/ **ambiguous**：曖昧な。/ **informal**

今度は過去形を駆使して、夏の体験について話しています。過去に起きた出来事は過去形、客観的な事実や今の自分が思っていることは現在形と、しっかり使い分けましょう。

93

I had a valuable experience last summer.

There's a private Japanese language class held in town.

It helps foreign children learn the Japanese language and culture.

I worked there as a volunteer assistant teacher.

One day, I talked with some students.

They said that Japanese is a hard language to learn.

They also said that some Japanese expressions are ambiguous.

For example, "Daijobu-desu" is handy but sometimes difficult to use.

It means "Okay" in most cases.

But it can be an informal way of saying "No, thank you."

For example, when you are asked if you want more food in a restaurant, but you are full.

To be honest, I hadn't noticed this until now.

I learned a lot from teaching Japanese to foreign children.

I plan to go back next summer.

way of saying：カジュアルな言い方。/ **be asked if you want more food**：さらに注文がないか尋ねられる。ちなみに「お代わりをください」はCan I have some more?［同じものをもっと欲しい場合］/Can I get a refill?［お代わりを欲しい場合］。どちらも文末にpleaseをつければさらに丁寧になる。

③ **to be honest**：正直に言うと。/ **hadn't noticed**：今まで気づかなかった。(I) haven't noticedという現在完了形の文が過去形の文の中に入ると過去完了になる。/ **learn a lot from...**：～から多くを学ぶ。/ **plan to go back**：戻るつもりである。ここでは、再びその仕事をするつもりであるということ。

Step 4 1分間スピーキング●自己表現

knock

94 1分間で過去の体験談を語る②

① 今日は、オーストラリアのバレンタインデーについてお話します。

昨年2月、私はオーストラリアのシドニーでショートステイを体験しました。

ちょうどバレンタインデーの頃だったのですが、いくつか違いがあることに気づきました。

② まず日本とは異なり、カップルはその日に互いに花を贈りあったり、外で食事をしたりすることが多いです。

最も人気の花は赤いバラです。

たまには小さめのチョコレート1箱を花に添えることも！

③ 私は日本のバレンタインデーについてホストファミリーに説明しました。

彼らは女性だけがチョコレートを贈ると聞いてびっくりしていました。

さらに職場の男性全員にチョコを渡す女性がいることを伝えると、それは女性に対して公平ではないと感じたみたいです。

でも、いわゆるホワイトデーという日があり、男性が女性に贈り物を返すと聞いて安心していました。

① **Valentine's Day**：バレンタインデー。英語ではValentine'sのように、「's」がつく。ローマ時代、キリスト教司祭ヴァレンティヌス（バレンタイン）は皇帝の命に背き、戦争へ赴く兵士の結婚式を密かに執り行った罪で2月14日に処刑された。後にその日を愛の日として祝うようになったと言われている。/ **short stay**：短期滞在。本文では短いホームステイを指している。/ **notice**：気づく。同じく「気づく」という意味のrealizeと混同されやすいが、noticeが五感、またはパッと見た目で気づく場合に使われるのに対し、realizeは頭の中で考えた末の気づきを意味する。

ここでは、まずbe going to...（～するつもりだ）を使って話題を提示しています。その後、過去の体験談は過去形で、客観的な事実や人々の行動習慣は現在形で表しています。 94

Today I'm going to talk about Valentine's Day in Australia.

I went to Sydney, Australia for a short stay in February last year.

It was around the time of Valentine's Day, and I noticed some differences.

First of all, unlike in Japan, couples often give each other flowers or go out to eat on the day.

The most popular flowers to give are red roses.

Sometimes they add a small box of chocolates to the flowers!

I explained Japanese Valentine's Day to my host family.

They were surprised to hear that only women give chocolates.

I also told them that some women give a small box of chocolates to every man in the office.
They felt that wasn't fair to women.

But they were relieved to hear that men give something back to women on what is called White Day.

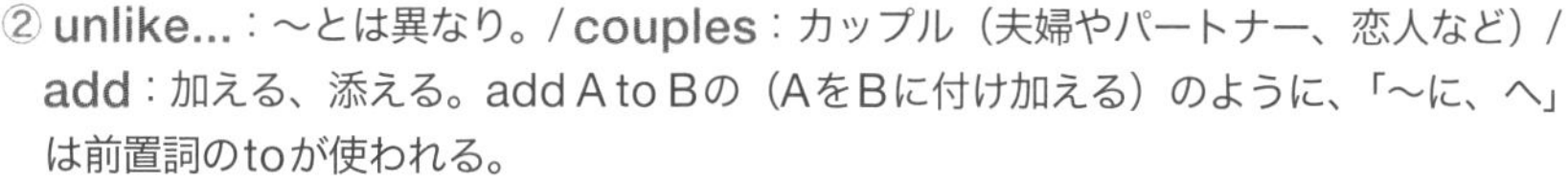

② **unlike...**：～とは異なり。/ **couples**：カップル（夫婦やパートナー、恋人など）/ **add**：加える、添える。add A to Bの（AをBに付け加える）のように、「～に、へ」は前置詞のtoが使われる。

③ **explain**：説明する。explain A to B（AをBに説明する）。/ **be surprised to hear that...**：～と聞いて驚く。/ **every man in the office**：仕事場の男性全員。everyの後の名詞は単数。/ **fair**：公平な。/ **be relieved to hear that...**：～と聞いて安心する。/ **what is called**：いわゆる。

knock **95** | # 1分間で旅行の様子を実況中継①

① みなさん！　ゴールデンウィークを楽しんでますか？

私は今、静岡県、富士宮市にいます。

ちょうど浅間大社でお祭りが行われています。

この時期は新緑がすごくキレイ。

ここに来られてほんとによかったです！

② 今ちょうど目の前で、伝統的な流鏑馬が行われるのを見ました。

でもあっという間の出来事で馬に乗った人の写真は撮れませんでした。

彼は侍の格好をしていました。

でも残念ながら、矢は的を逸れてしまいました。

次回に期待しましょう！

③ 境内にはたくさんの屋台が出ています。

富士宮焼きそばについては、その評判をよく耳にしていました。

すごい人気なんですよ！

そして富士山を見ながら、アイスクリームが乗った鯛焼きを食べるのも最高。

言葉にならないほどの感動です。

富士山が息を呑むほど美しい……。

① **Hi guys!**：みなさん！（やあ、みんな！）。最近、男女の別なく流行しているカジュアルな呼びかけ。/ **Golden Week**：ゴールデンウィーク（和製英語）。「大型連休」と言い換えるならlong holidayを使う。/ **currently**:現在。currentlyを使わず、I'm in...now.と言ってもよい。/ **being held**:開催されている。being(be動詞の進行形)を使うことにより、開催中であることが強調される。/ **fresh green leaves**：新緑。/ **at this time of year**：一年の中でちょうどこの時期。

② **horse archery**：馬上のアーチェリー（ここでは流鏑馬を説明している)。海外ではあまり知られていない日本の伝統的行事や固有名詞の場合、このように一般名詞

次は現在進行形を駆使した旅の実況中継に挑戦です。今まさに実行中の出来事は現在進行形、客観的な事実や今の心境は現在形と、使い分けましょう。

95

Hi guys! Are you all enjoying the Golden Week holiday?

I'm currently in Fujinomiya, Shizuoka Prefecture.

A festival is being held at the Sengen Taisha Shrine.

The fresh green leaves are so beautiful at this time of year.

I'm so happy to be here!

I just saw traditional *yabusame*, horse archery, right in front of me.

It happened so fast that I couldn't catch the person on the horse with my camera.

He was wearing a warrior's outfit.

Unfortunately, he missed the target with his arrow.

Maybe next time!

There are also a number of food stalls inside the shrine.

I've heard a lot about Fujinomiya fried noodles.

They are so popular!

I also like eating *taiyaki* with ice cream on top while looking at Mt. Fuji.

I have no words.

Mt. Fuji is breathtakingly beautiful...

を添えて説明するとわかりやすい。/ **right in front of**：ちょうど目の前で。/ **so fast that...**：すごく速かったので～。so...that...（とても～なので～である）の用法。/ **catch**：捕まえる。ここではカメラで捉えることを指している。/ **warrior's outfit**：侍の格好。/ **miss the target**：的を外す。/ **Maybe next time!**：また今度ね！　ここでは「次回に期待しよう！」という意味で使われている。

③ **food stalls**：屋台。/ **I've heard a lot about...**：（私は）～についてよく耳にしたことがある。「経験」を表す現在完了形の典型的な表現。/ **have no words**：（感動、ショックなどで）言葉にならない。/ **breathtakingly**：息を呑むほどに。

knock

96 1分間で旅行の様子を実況中継②

① みなさんは映画『ローマの休日』を観たことがありますか？

私は今、ローマにいます！

この地に来るのは長年の夢でした。

アン王女が映画の中で冒険した場所をあちこち訪ねています。

アン王女は、ご存じの通り、オードリー・ヘプバーンが演じました。

② 現在、スペイン階段にいます。

ここは映画の中で、アン王女がアイスクリームをほおばっていた場所。

アメリカ人記者ジョー・ブラッドリーはここで王女と再会しました。

「もう少し自分の時間を楽しんだらどう?」と言うジョーの台詞を思い出します。

私は今、オードリーと同じ階段に座っているんです。感激！

③ 今夜は街のピザの店に行く予定。

みなさんイタリアの北部と南部ではピザのタイプが違うのを知ってました？

ここローマでは生地が薄く、 パリっとしてるんです。

私はどっちも好きですけど。

私のレポートを楽しんでいただけましたか？

ではまた！

① **Have you (ever)...?**：(今までに) ～したことはありますか。現在完了形で経験の有無を聞く疑問文。/ **Here I am in...**：～にいます。ある場所にいることを強調する言い方。/ **long-time dream**：長年の夢。/ **places where...**：～する（した）場所。関係副詞whereが使われている。This is the place where we first met.（ここは私たちが最初に出会った場所です）。whereを抜いてThis is the place we first met.ともよく言う。/ **adventure**：冒険。/ **as you all know**：みなさんご存じの通り。

② **Spanish Steps**：スペイン階段。スペイン広場にある135段の階段。映画『ロー

ここでは海外旅行の様子をリアルタイムに実況中継しています。今まさに実行している出来事は現在進行形、自分のこれからの行動予定は未来形と、使い分けましょう。

96

Have you all seen the movie Roman Holiday?

Here I am in Rome!

It's been a long-time dream of mine to come to this place.

I'm visiting places where Princess Ann had adventures in the movie.

The Princess, as you all know, was played by Audrey Hepburn.

I'm at the Spanish Steps now.

This is where the Princess ate gelato in the movie.

Joe Bradley, the American journalist, met the Princess again here.

I remember his line, "Why don't you take a little time for yourself?"

I'm sitting on the same step as Audrey. Wow!

I'm going to a pizza place in town tonight.

Did you know that pizza in northern Italy is different from pizza in the south?

Here in Rome, the crust is thinner and crispier.

I like both types, though.

I hope you enjoyed my report.

Goodbye for now!

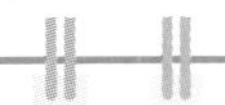

マの休日』のロケ地となった。/ gelato：イタリア語で「凍ったもの」、またはアイスクリーム全般を指す。/ American journalist：アメリカ人記者。映画ではローマに駐在するアメリカ人記者ジョー・ブラッドリーをグレゴリー・ペックが演じている。/ "Why don't you take a little time for yourself?"：「自分の時間を作る（＝楽しむ）ほうがよいのでは？」。映画の中でジョーが王女をその場所に留めるために言う台詞。

③ pizza place：ピザの店。/ crust：（ピザなどの）生地。/ crispier：よりパリパリしている。crispの比較級。/ Goodbye for now!：じゃあね、また！。for now（今のところは）があると、また会おうという意味になる。

knock

97 1分間で自分の妄想を展開する①

① みなさんは、もし100万円あったらどうしますか?

よく聞かれる質問です。

ある調査によると、日本人は100万円あったら貯金や投資に使う人が多いのだそうです。

次に人気なのが旅行でした。

物価の高騰や景気の低迷に苦しむ人も多いので、かなり現実的な選択と思います。

② 私自身は、そんな大金を何に使うかわかりません。

多分ハーレーダビッドソンみたいな高級オートバイを買い、日本中をツーリングするでしょう。

北海道から沖縄まで、できるだけ多くの場所を訪れ、地元の人々と出会い、地方の独自の文化を経験したいと思います。

③ もし気に入った場所ができて、そこで良いパートナーが見つかれば、一生そこで暮らし、子供や、そして孫だって育てるかもしれません。

それってなかなかいいアイディアですよね?

① **If you had a million yen...**：もし100万円あったら？　現実には起こっていないことへの願望を表す仮定法過去。If I had..., I would/ could/ might...などの形をとる。10 millionは1千万。100 millionは1億。/ **according to...**：～によると。According to today's weather forecast, it's likely to rain all day.（今日の天気予報によると、一日雨らしい）。/ **most likely to use...**：（～のために）～を最も使う。/ **savings or investments**：貯金や投資。/ **realistic**：現実的な。/ **price hikes**：物価の高騰。/ **stagnant**：停滞している、低成長の。好景気はbooming economy。

今度は仮定法を駆使して、少々現実離れした仮想の話題について1分間話しましょう。過去形が使われていても、あくまでも話題は現在や未来の仮定について話しています。

97

If you had a million yen, what would you do with it?

It's a common question.

According to some surveys, Japanese people would most likely use 1 million yen for savings or investments.

The next popular choice was travel.

I think this is quite realistic since people are suffering from price hikes and a stagnant economy.

As for me, I'm not sure what I would do with that kind of money.

But I could buy a very expensive motorcycle, like a Harley-Davidson, and go on a motorcycle tour around Japan.

I'd like to visit as many places as possible, from Hokkaido to Okinawa, and enjoy meeting the locals and experiencing their unique cultures.

Then, if I grew to like a certain area of Japan and found a good partner there, I would consider living there for life, raising children and even grandchildren.

Isn't that a great idea?

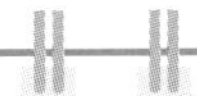

② **as for me**：私に関しては。主文を述べる前に前置きするのが好きな日本人には使いやすい表現。As for me, I'd rather stay at home.（私だったら、家にいるほうが好きだ）。/ **that kind of money**：そのようなお金（つまり100万円のこと）/ **Harley-Davidson**：ハーレーダビッドソン。高級オートバイの1つ。/ **motorcycle tour**：ツーリング（バイク旅行）。/ **the locals**：地元の人。/ **unique cultures**：独自の文化。

③ **grow to like**：徐々に好きになる。/ **consider**：～について考える、慎重に考える。considerは直接目的語をとる。I will consider it.（それについて、ちょっと考えてみます）

knock

98 1分間で自分の妄想を展開する②

① もし1カ月の休暇をもらえたら、私はハワイに行くでしょう。

でも楽しむだけではありません。

英語をさらに磨くために、地元の語学学校で短期コースを取るのです。

恐らく生徒は世界各地から来るでしょう。

日本人の生徒たちとつるむのではなく、なるべく国籍の違う生徒たちと交わるよう心がけたいと思います。

② みなさんは私を真面目過ぎると思われるかもしれませんが、それが外国語を学ぶ最善の方法だと思います。

でも授業が終わったら、クラスの仲間と映画にも行くし、サーフィンだってやるでしょう。

特に夕暮れどき、ビーチに寝転んで、カクテルを飲み、マカダミアナッツをつまむのは楽しいだろうと思います。

③ これらは日本の日常では決して味わえないことですよね。

英語が上達したら、いつかグローバル企業で働きたいものです。

① **a month's vacation**：1カ月の休暇。英語では「名詞's」で所有を表す「～の」を表すことが多い。Japan's population（日本の人口)。today's menu（本日のメニュー）など。/ **just for fun**：ただ楽しむために。プロではなく趣味でという意味もある。I take pictures just for fun.(趣味で写真を撮っています)。/ **brush up (on)**：ブラッシュアップする、もともとある能力をさらに磨く。My English is getting rusty. I need to brush up.（私の英語は錆びついてきている。ブラッシュアップしなくては）/ **mix with...**：～と交わる。/ **nationalities**：国籍。/ **stick with...**：～とずっと一緒にいる。

「もし〜できたら」というまったくの仮定の話を1分間英語で話すことができれば、ひとりごと英語のレベルも上級に達したと自信を持って言えるでしょう。

98

If I had a month's vacation, I would go to Hawaii,

but not just for fun.

I would take a short course at a local language school to brush up on my English.

I think the students would be from different countries.

I would try to mix with students of different nationalities rather than stick with students from Japan.

You might think I'm being too serious, but I think it's the best way to learn a foreign language.

I would also go to the movies and even surf with my classmates after class.

It would be fun to lie on the beach, especially at sunset, drinking cocktails and eating macadamia nuts.

These are things I never get to do in everyday life in Japan.

If I could improve my English, I would like to work for a global company.

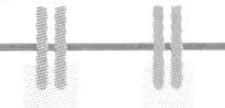

② **you might think...**：あなたは〜と思うかもしれない。/ **too serious**：真面目過ぎる。/ **surf**：サーフィンをする。/ **lie on...**：〜の上に横たわる、寝転がる。lieは目的語をとらない自動詞で、進行形はlying。He was lying on the bed.（彼はベッドに横たわっていた）。他動詞で目的語をとるlay（置く、横たえる）と混同しないように！/ **cocktails**：カクテル。/ **macadamia nuts**：マカダミアナッツ。

③ **get to do...**：〜をすることができる。can doと置き換えられる。/ **global company**：グローバル企業。

knock

99 1分間で社会問題について語る①

① AI技術は驚くべきスピードで発展しています。

最近では、我々の日常生活を助けるアシスタントの役目も果たします。

AIは照明をつけたり消したり、その日の天気を教えてくれたり、私の好きな音楽をかけてくれたりします。

② AIは私が宿題をやるときの手伝いもします。

質問する度に、ものすごいスピードで回答してくれるんです。

AIは辞書の役割もします。

私の代わりに作文も書いてくれます。

でも、それらすべてを私は望んでいるんでしょうか？

③ 例えば最近の温泉での私の体験をAIに書かせたら、きっとできるだろうと思います。

AIは、温泉とは何かを詳しく説明するでしょう。

でも温泉の実際の感触や、温泉に浸かるとどれほどリラックスできるか、AIは知っているでしょうか？

答えはノーです！

④ そういう意味で、たとえ我々がシンギュラリティを迎えても、AIが完全に人間に取って代わることはできないだろうと私は信じています。

① **AI technology**：AIテクノロジー(技術)。AIはartificial intelligence（人口知能）の略。/ **be developing at an amazing pace**:驚くべきスピードで発展している。paceはspeedやrateなどと置き換えられる。amazing（驚くほどの）の同義語はtremendous、astonishingなど。/ **daily life assistant**：日常生活を助けるアシスタント。/ **the day's weather**：その日の天気。

② **whenever...**：～のときはいつも。I will help you whenever you need help.（君が助けを必要なときはいつでも助けるよ）。/ **act as...**：～の役割を果たす。My sister acted as my mother when I was little.（小さい頃は、姉が母親代わりだった）

今度は1分間、自分の考えについてまとまった内容を話してもらいます。まず話題を提示し、次に物事の長所と短所を具体的に補足した上で結論に至るという流れを意識しましょう。

AI technology is developing at an amazing pace.

Recently, it has become our daily life assistant.

AI turns lights on and off, tells me the day's weather, and plays my favorite music.

AI also helps me with my homework.

Whenever I ask a question, it gives me answers so quickly.

AI also acts as a dictionary.

It can even write an essay for me.

But do I want all that?

For example, if I asked AI to write about my recent experience at an *onsen*, it could probably do it.

It would provide details about what an *onsen* is.

But does AI know how an *onsen* actually feels, or how relaxing it is to soak in one?

The answer is "No!"

In that sense, I believe that AI can't completely replace humans, even after we reach singularity.

/ **essay**：作文、小論文。/ **all that**：それらすべて（質問に答えたり、作文を代筆したりすることなど）。

③ **provide details**：詳細を伝える。provideには「（何かを）提供する」という意味がある。/ **how relaxing**：どんなに癒されるか。/ **soak**：（風呂などに）浸かる。

④ **in that sense**：そういう意味では。/ **I believe (that...)**：（that以下のことを）信じる、確信する。/ **replace**：（〜に）取って替わる。/ **reach**：（〜へ）届く。reachは直接目的語をとる。/ **singularity**：シンギュラリティ。AIが人間の知性を超える転換点を指す概念。

knock 100 1分間で社会問題について語る②

① 最近、デンマーク人の女性と話す機会がありました。

彼女は環境学者で、研究のために日本を訪れています。

彼女が最も驚いたのは、日本のプラスチック包装の多さでした。

彼女はスーパーで、すべてが小さく個別に、きちんとプラスチックで包装されていることに気がつきました。

彼女の国では、肉、魚、チーズは通常塊で売られています。

人々は量り売りで買うので、過剰なプラスチック包装は必要ないのです。

② では、なぜ我々はプラスチックを大量に使うのでしょうか？

まず、日本人は子供の頃から衛生に気を配るよう指導されています。

それに忙しい現代社会ではパッケージになった製品は便利だし、時間の節約にもなります。

③「それは理解できます。でも地球温暖化のためにも、SDGsの観点からも良いことではありませんね」と彼女は言いました。

私もまったく賛成です。

今こそ我々はいかにエネルギーを節約するか、どうやって地球温暖化による被害から地球を守るかを考えるべきです。

① **Danish**：デンマーク人の。/ **ecologist**：生態学者。/ **What struck her most**：彼女を最も驚かせたのは。英語ではこのような言い方をよくする。日本語では「彼女が最も驚いたのは」という言い方のほうが自然だろう。What impressed her most was the cleanliness of the streets in Japan.（彼女が最も感動したのは、日本の街の清潔さだった）。struckはstrikeの過去形。strikeには「誰かを殴る」という意味があり、いかに彼女の驚きが衝撃的だったかがわかる。/ **abundant use**：豊富に使われていること。/ **plastic packaging**：プラスチック（ビニール）包装。/ **neatly wrapped**：きちんと包装された。/ **separate**：個別の。/ **in bulk**：塊で。

ここではまず自分が体験した異文化交流をベースに、自らの問題提起につなげています。その上で論拠を具体的に２つ示し、最後に自身の立場を明確にしています。

100

Recently I had the opportunity to talk with a Danish woman.

She is an ecologist visiting Japan for research.

What struck her most was Japan's abundant use of plastic packaging.

When she went to the supermarket, she found everything neatly wrapped in separate small plastic packages.

In her country, meat, fish and cheese are usually sold in bulk.

People buy them by weight, so there is no need for excessive packaging.

So why do we use so much plastic here?

First, Japanese children are taught to care about hygiene.

Additionally, packaged products are also convenient and time-saving in a busy modern society.

She said, "That's understandable, but it's not good for global warming and from an SDG perspective."

I totally agree.

It's time for all of us to think about how we can save energy and protect the earth from the damage caused by global warming.

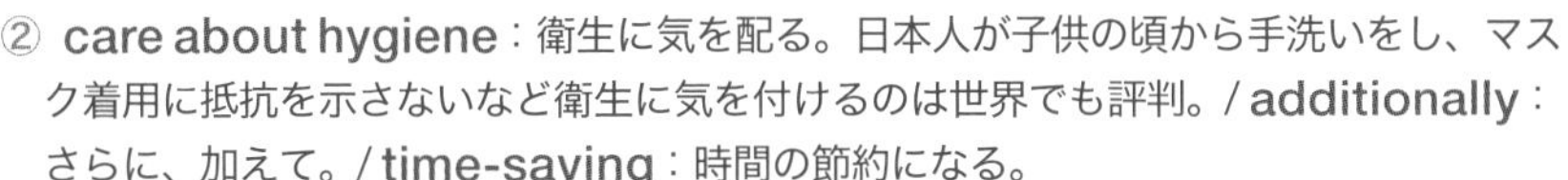

/ **by weight**：重さで。/ **excessive**：過剰な。

② **care about hygiene**：衛生に気を配る。日本人が子供の頃から手洗いをし、マスク着用に抵抗を示さないなど衛生に気を付けるのは世界でも評判。/ **additionally**：さらに、加えて。/ **time-saving**：時間の節約になる。

③ **from an SDG perspective**：SDGsの観点から。SDGsは、Sustainable Development Goals（持続可能な開発目標）の略。2015年の国連サミットにおいて採択された、2030年までに達成すべき17の目標のこと。/ **totally**：まったく。述べていることを強調するときに使う。/ **save energy**：エネルギーを節約する。/ **protect the earth from...**：～から地球を守る。

著者：**光藤京子**（みつふじ きょうこ）

語学・翻訳専門の執筆家、コンサルタント（TAS& コンサルティング）。ブロガー。元東京外国語大学特任講師。これまでに通訳・翻訳、大学での指導経験を生かした英語書籍や雑誌記事を数多く執筆している。英語スピーキングに特化した書籍には、25 万部を超えるベストセラーになった『何でも英語で言ってみる！シンプル英語フレーズ 2000』（高橋書店）のほか、『英語を話せる人 勉強しても話せない人 たった 1 つの違い』（青春出版社）、『英語だって日本語みたいに楽しくしゃべりたい リアルライフ英会話 for Women』（大和書房）、『発想を変えたらスラスラ話せる！ 伝わる英語 5 つの鉄則』（コスモピア）、『する英語 感じる英語 毎日を楽しく表現する』（ジャパンタイムズ出版）などがある。趣味は映画観賞とフランス語学習。映画と英語をテーマにしたブログ：「Keri 先生のシネマ英語塾」（https://blog.excite.co.jp/kerigarbo/）を 2004 年より 20 年に渡り執筆している。

決定版
英語スピーキング100本ノック

2024 年 7 月 10 日　第 1 版第 1 刷発行

著者：光藤京子

校正：高橋清貴
デザイン：松本田鶴子
表紙イラスト：pino

発行人：坂本由子
発行所：コスモピア株式会社
〒 151-0053 東京都渋谷区代々木 4-36-4 MC ビル 2F
営業部：Tel: 03-5302-8378 email: mas@cosmopier.com
編集部：Tel: 03-5302-8379 email: editorial@cosmopier.com

https://www.cosmopier.com/（会社・出版物案内）
https://e-st.cosmopier.com/（コスモピア e ステーション）

印刷・製本／シナノ印刷株式会社
音源：Courtesy of English Speeches

本書のご意見・
ご感想はこちらへ↓